国際関係の論点

―グローバル・ガバナンスの視点から―

馬田啓一・小野田欣也・西 孝 編著

文眞堂

はしがき

　戦後70年を経た今，国際秩序が大きく変容しつつある。米国の指導力が低下する中，世界は「Gゼロ」といわれるリーダーなき時代に突入した。欧州ではウクライナ問題をめぐり米EUとロシアの緊張が続く。中東では既存の国境を否定するイスラム過激派組織「イスラム国」が台頭している。アジアでも中国の軍拡と海洋進出に対して周辺国の懸念は強い。世界が直面するこれらの脅威は，既存の国際秩序やルールを崩壊させる危険をはらんでいる。地政学的リスクの高まりは，世界経済の先行きに立ち込める大きな暗雲ともなりかねない。この難局に対処するため，政治，経済，安全保障などの面で多角的かつ実効性ある国際協力が求められる。

　さらに，もう一つの大きな変化はグローバル化である。ヒト，モノ，カネ，情報が大量に国境を越えて移動するようになった。だが，その結果，各国間の相互依存が深まり，世界は一国の統治だけでは解決できないような多くの厄介な問題に直面している。例えば，世界金融危機，貿易紛争，地球温暖化問題，富と所得の格差拡大，国際テロ，感染症蔓延の恐怖など，これらはいずれもグローバル化が招いた陰の部分だともいわれる。

　各国による国際協力や政策協調の必要性が高まる一方で，先進国と新興国・途上国の利害対立が先鋭化し，現行の枠組みはいたるところで綻びが目立ち，有効に機能しているとは言えない。新興国の台頭によって新たな枠組みが模索されるなか，これらの課題にどのように対応していくべきか。グローバル・ガバナンスの意義とそのあり方が問われている。

　そこで，本書では，国際社会が今後進むべき道を探るため，グローバル・ガバナンスの視点から，目下焦眉の国際関係の諸問題を論点として取り上げ，その背景，現状と課題，今後の展望などについて，学際的に考察する。

　なお，本書では，グローバル・ガバナンスの概念について，「様々な国際機関，国際レジーム，国家，企業，NGOなどが，安全保障，金融，開発，地球

環境，人権，健康など多様な分野において，国境を越えて生じている課題に協調して対処するための枠組み」と定義しておこう。

4部17章から構成される本書の主な内容は，以下のとおりである。

第1部では，各国間および国内の利害対立についての調整が一段と難しくなる中で，国際的な協調に向けた政策的対応について分析している。第1章は，ドーハ・ラウンドの停滞でWTO離れが加速するなか，メガFTA時代のWTO復活の可能性を探っている。第2章は，EUが経済的，政治的に直面する危機を2つのトリレンマという観点から明らかにしている。第3章は，日本のTPP交渉参加と農産物自由化をめぐる政策意思決定システムに焦点を当てた考察を行っている。第4章は，国際貢献活動の一環として導入された日本の外国人技能実習制度の問題点を明らかにしている。第5章は，メガFTA締結後の新たな政策課題としてFTAの利用率向上に向けた取組みの必要性を論じている。

第2部では，国際紛争への対処とグローバル・ガバナンスの意義を取り上げている。第6章は，国際システムそのものを俯瞰し，21世紀の国際秩序のシナリオを展望している。第7章は，今後の国際秩序の大きな不安要因とみられている中国の周辺外交戦略の背景と課題を考察している。第8章では，中台関係を取り上げ，武力紛争のリスクをマネジメントするグローバルな取り組みが存在しない危うさを指摘している。第9章は，国際紛争下での人道支援が重要性を増すなか，人道活動を統合・調整する国連の機能について，アカウンタビリティ（説明責任）の確保がどのようにおこなわれているかを論じている。

第3部では，企業によるグローバル化した競争がもたらす負の側面に焦点を当て，企業行動のあり方や企業倫理について取り上げている。第10章は，EUにおけるコーポレート・ガバナンスのエンフォースメントの仕組みとして，「遵守か説明か」原則の意義や課題について検討している。第11章は，新自由主義と企業活動のグローバル化が様々な弊害をもたらしたとして，単一でなく多様な価値観にもとづくグローバル経営の重要性を論じている。第12章は，世界金融危機後に脚光を浴びている金融取引税（トービン税）を取り上げ，金融市場の安定化に寄与するのか，経済への影響について議論している。第13章は，ICT革命とグローバル化によって新技術を特許権として取得する傾向

が強まっているが，その要因と新たな問題点を明らかにしている。

　第4部では，グローバル化する環境問題と経済成長との両立の可能性と限界を取り上げている。第14章は，地球温暖化対策に関する新たな枠組み交渉が合意に向け大詰めを迎えるなかで，東日本大震災の影響でいまだ方向性が定まらない日本のエネルギー戦略と地球温暖化対策の問題点を論じている。第15章は，活発化するアジアにおける国際的な資源循環を取り上げ，E-wasteによる環境汚染の防止のための仕組みについて考察している。第16章は，途上国におけるユニバーサル・ヘルス・カバレッジ（UHC）の達成に向けた国際支援について，医療財政の視点から意義と課題を論じている。第17章は，日本の今後の成長の可能性を疑問視し，成長の限界と「脱成長」論の類型化を試み，それらの特徴と今後の課題を探っている。

　以上のように，本書は17のテーマを取り上げているが，共同執筆者には，グローバル・ガバナンスを念頭に置きながら，それぞれ専門的な立場に基づき，国際関係の最新かつ重要な論点について自由に論じてもらった。編著者によって無理に統一的な見解をまとめるような調整はしていない。本書が些かなりとも読者の理解を深めるための一助となれば幸いである。

　なお，本書は馬田啓一教授の定年退職記念として企画され，杏林大学総合政策学部の有志17名が参加した2014年度研究・出版プロジェクトの成果である。また，大学院国際協力研究科の2014年度出版助成によって刊行の運びとなった。本プロジェクトの主旨にご賛同いただき，特別寄稿も快諾された大川昌利総合政策学部長・大学院国際協力研究科長には深く謝意を表したい。

　最後に，本書の刊行を快諾され編集の労をとられた文眞堂の前野隆氏と前野弘氏ほか編集部の方々に，心から御礼を申し上げたい。

　　2015年1月

編著者

目　次

はしがき………………………………………………………………………… i

第1部　国際的な協調と対立の構図 ………………………………… 1

第1章　WTOの将来
　　　　　―悲観と楽観― ………………………（馬田　啓一）… 3

　　はじめに………………………………………………………………… 3
　　第1節　崖っぷちのドーハ・ラウンド………………………………… 4
　　第2節　WTO離れとメガFTAの潮流 ……………………………… 6
　　第3節　WTOの役割は終わらない…………………………………… 7
　　第4節　蔓延する保護主義とWTO…………………………………… 8
　　第5節　WTOの制度改革の焦点……………………………………… 10
　　第6節　プルリ合意の意義：WTO復活の起爆剤か………………… 11
　　第7節　21世紀型貿易とWTOの将来………………………………… 13

第2章　欧州危機の政治経済学
　　　　　―2つのトリレンマ― …………………………（西　　孝）… 16

　　はじめに………………………………………………………………… 16
　　第1節　2つのトリレンマ……………………………………………… 17
　　第2節　ハイパーグローバリゼーションの足枷……………………… 22

第3章　農産物貿易自由化をめぐる政策決定過程の変遷
　　　　　―自民党政権下の変化に注目して― …………（三浦　秀之）… 27

　　はじめに………………………………………………………………… 27
　　第1節　政策ネットワーク論の概要…………………………………… 28

第2節　小泉政権時の農産物貿易自由化をめぐる政策意思決定
　　　　　システム……………………………………………………… 29
　第3節　第2次安倍政権のTPPをめぐる政策意思決定システム …… 33
　おわりに …………………………………………………………………… 37

第4章　外国人介護労働者受け入れ政策の新潮流
　　　　　………………………………………………（岡村　　裕）… 41

　はじめに …………………………………………………………………… 41
　第1節　外国人技能実習制度の概要 …………………………………… 42
　第2節　第6次出入国管理政策懇談会・外国人受入れ制度検討分科会
　　　　　での制度見直しに関わる議論 ………………………………… 44
　第3節　技能実習制度への介護分野追加に対する関連2団体の立場… 47

第5章　メガFTA交渉妥結後の新たな政策課題
　　　　　―FTAの利用促進に向けて―……………（久野　　新）… 52

　はじめに …………………………………………………………………… 52
　第1節　FTA関連情報の訴求対象および意義の類型化 ……………… 54
　第2節　諸外国における情報提供の事例 ……………………………… 58
　第3節　結　語 …………………………………………………………… 62

第2部　国際紛争とグローバル・ガバナンス ……………………… 65

第6章　国際システムそのものを俯瞰する ………（島村　直幸）… 67

　はじめに―「国際システム」か「グローバル・ガヴァナンス」か？ … 67
　第1節　国際レベルの「変化」をいかに捉えるか
　　　　　―ギルピンによる「変化」の3類型 ………………………… 68
　第2節　古代のローマ帝国から中世の「キリスト教共同体」へ ……… 70
　第3節　中世の「キリスト共同体」から近代の主権国家システムへ… 71
　第4節　「西欧国家体系」から「米ソ冷戦」へ ………………………… 72
　第5節　21世紀の国際秩序のシナリオを描く ………………………… 75

おわりに……………………………………………………………… 76

第7章　中国外交戦略の変容
—「周辺外交」の意味を問い直す—……………（劉　　　迪）… 80

はじめに………………………………………………………………… 80
第1節　現代中国外交の2つの伝統 …………………………………… 81
第2節　回復された伝統 ………………………………………………… 83
第3節　外交戦略の大転換の始まり …………………………………… 84

第8章　中台関係の行方
—台頭しぶつかり合うナショナリズム— ……（渡辺　　剛）… 91

はじめに………………………………………………………………… 91
第1節　「一つの中国」原則と安全保障ガバナンス …………………… 92
第2節　台湾の変容と中台のすれ違い ………………………………… 94
第3節　台頭しぶつかり合うナショナリズム ………………………… 98
おわりに………………………………………………………………… 99

第9章　国連の人道活動におけるアカウンタビリティー
—法の支配と人権に基づく新たな取組み— …（川村　真理）…102

はじめに…………………………………………………………………102
第1節　国連事務局の統合・調整機能 …………………………………103
第2節　人道活動におけるアカウンタビリティー ……………………104
おわりに…………………………………………………………………110

第3部　グローバリゼーションと企業倫理……………………………113

第10章　EUにおけるコーポレート・ガバナンス
—「遵守か説明か」原則に注目して— ………（田中　信弘）…115

はじめに…………………………………………………………………115
第1節　EUにおけるコーポレート・ガバナンスの取り組み …………117

第 2 節　「遵守か説明か」原則の有効性をどう考えたらよいのか ……122
　第 3 節　情報開示の意義を高めるために……………………………………124

第 11 章　グローバリゼーションと経営の多様性
　　　　　―「働くこと」の再考― ………………（木村　有里）…127

　はじめに……………………………………………………………………………127
　第 1 節　ディーセント・ワークを求めて………………………………………128
　第 2 節　古典的アメリカ経営にみる労働者の人間性…………………………130
　第 3 節　イスラーム経営に学ぶ実体ある労働…………………………………132
　第 4 節　タイ経営のなかの働く意味……………………………………………133
　おわりに……………………………………………………………………………135

第 12 章　金融取引税（トービン税）の課題 ……（知原　信良）…137

　はじめに……………………………………………………………………………137
　第 1 節　トービン税の流れ………………………………………………………137
　第 2 節　金融課税の検討…………………………………………………………139
　第 3 節　EU 金融取引税…………………………………………………………144
　第 4 節　まとめ……………………………………………………………………149

第 13 章　知的財産権とイノベーション……………（荒井　将志）…151

　はじめに……………………………………………………………………………151
　第 1 節　特許権重視政策への転換………………………………………………152
　第 2 節　モジュール化による技術の所有権化の促進…………………………155
　第 3 節　イノベーション促進と特許法…………………………………………157

第 4 部　グローバル化する環境問題への対応 ………161

第 14 章　地球温暖化対策と日本の対応……………（小野田欣也）…163

　はじめに……………………………………………………………………………163
　第 1 節　京都議定書発効以後の国際動向………………………………………163

第2節　日本における京都議定書の達成状況……………………165
第3節　温室効果ガス削減に向けた国内対策……………………167

第15章　アジアにおける国際資源循環と拡大生産者責任
　　　　　………………………………………（斉藤　　崇）…173

はじめに………………………………………………………………173
第1節　使用済み品の資源性および汚染性と回収システム………174
第2節　汚染の顕在化抑制と拡大生産者責任………………………178
第3節　まとめ…………………………………………………………181

第16章　ユニバーサル・ヘルス・カバレッジ達成に向けて
　　　―医療財政の視点からの経緯と課題―………（北島　　勉）…184

はじめに………………………………………………………………184
第1節　UHCの意義 …………………………………………………185
第2節　UHCの概念 …………………………………………………186
第3節　UHCに関する歴史的背景 …………………………………187

第17章　成長の限界と「脱成長」論………………（大川　昌利）…196

はじめに………………………………………………………………196
第1節　成長の限界……………………………………………………197
第2節　「脱成長」論…………………………………………………200

索引……………………………………………………………………206

第1部

国際的な協調と対立の構図

第 1 章
WTO の将来
―悲観と楽観―

はじめに

　2013 年 12 月にインドネシアのバリで開かれた WTO（世界貿易機関）の閣僚会議で，貿易円滑化など 3 分野の部分合意が成立した。かろうじて決裂は回避されたが，ドーハ・ラウンドの推進力がこれで簡単に蘇るわけではない。
　WTO の再活性化に向けた機運が高まることへの期待も膨らんだが，それもつかの間，冷や水をかけるような事態が起きた。WTO が，2014 年 7 月末に予定していた貿易円滑化協定の採択を土壇場になってインドの反対で断念，交渉全体が機能マヒに陥ったからだ。
　11 月下旬の一般理事会で採択にこぎつけたが，WTO 加盟国は部分合意すら容易には実現できなくなったことに，危機感を強めている。特定の国が強硬な主張を続けると合意が危うくなる「全会一致の原則」に基づく WTO 交渉の難しさが，改めて浮き彫りとなった。
　主要国は WTO 交渉に対する嫌気から，通商戦略の軸足を FTA（自由貿易協定）に置き，メガ FTA 締結への動きを加速させている。21 世紀の新たなルールづくりの主役は，今やメガ FTA 交渉にシフトしてしまった。
　しかし，WTO の役割が終わったわけではない。WTO の 3 つの機能のうち，ルールづくりの機能は低下したが，保護主義の動きに懸念が高まるなか，ルールの監視と紛争解決の機能は健在である。もちろん，監視と紛争解決の機能強化だけでは，WTO の求心力回復にはつながらない。21 世紀型貿易が直面する課題に，WTO が強力にグローバル・ガバナンスを発揮できるか否かが問われている。

メガFTA時代のWTOが再び求心力を取り戻し、主役に返り咲けるかどうか、それとも脇役に低迷したままなのか、そのカギは、WTOが21世紀型貿易のルールづくりに積極的に関与することができるか否かだ。

本章では、いかにして主要国のWTO離れに歯止めをかけるか、メガFTA時代のWTOの新たな役割とは何か、グローバル・ガバナンスの視点から、WTOの今後の可能性を探る。

第1節　崖っぷちのドーハ・ラウンド

2001年に始まったWTOのドーハ・ラウンドが迷走している。当初、農業、鉱工業、サービス、貿易円滑化、ルール、知的財産権、開発、環境の8分野を対象に交渉が行われたが、先進国と途上国の利害対立が解けず度々決裂、ついに膠着状態に陥った。このため、2011年12月のWTO閣僚会議（ジュネーブ）で、全分野の包括合意を断念し、比較的交渉が進んでいる分野での部分合意を目指すことになった。

これを受けて、2013年12月にインドネシアのバリで開かれた第9回WTO閣僚会議（以下、MC9）で、ドーハ・ラウンドの3分野（貿易円滑化、農業の一部、開発）に限った部分合意（バリ・パッケージ合意）が成立した。

表1-1　WTO交渉の経緯

2001年11月	閣僚会議（カタール・ドーハ）で新ラウンドの交渉開始に合意
2008年7月	非公式閣僚会合（ジュネーブ）、米印の対立により合意寸前で決裂
2011年12月	閣僚会議（ジュネーブ）で8分野の包括合意を断念、部分合意を目指すことで一致
2013年12月	閣僚会議（インドネシア・バリ）、貿易円滑化、農業の一部、開発の3分野で部分合意
2014年7月	貿易円滑化協定の採択を断念
11月	同協定を採択。ドーハ・ラウンドの残る分野の交渉計画づくりを、当初の12月末から15年7月末まで延期

（資料）　筆者作成。

だが、WTOのアゼベド新事務局長が一旦は2013年11月の一般理事会で部分合意の交渉失敗を宣言するほど、交渉は難航した。農業分野（食糧備蓄、輸

出補助金，関税割当）が最大の争点となった。

　とくに揉めたのが，食糧備蓄のための農業補助金の扱いである。補助金で食糧を備蓄して貧困層に配給する措置について，WTO農業協定の対象外とするよう要求するインドと，協定違反だと主張する米国が激しく対立。次の閣僚会議が開かれる2017年まではWTO紛争解決の対象にしないという「平和条項」を盛り込むことで合意が得られるかに見えたが，2014年に総選挙を控えていたインドは農業補助金の恒久的な措置を求め，この案を拒否。結局，妥協点を探る交渉の末，特例として恒久的な措置を講じるまでは現状を維持するという「玉虫色の解決」となった。

　バリ合意は，WTO発足後初の協定となる貿易円滑化協定について，全加盟国の合意を得たという点で画期的である。貿易円滑化は，通関手続きを簡素化し，透明性を高めることを目指している。

　貿易円滑化交渉では，途上国が貿易円滑化の履行に際して先進国から資金や技術の支援を受ける代わりに，法的拘束力のある義務を負うかどうかが焦点となった。2013年11月，LDC（後発途上国）グループが，貿易円滑化の支援負担や義務協定で大筋合意を発表，これが難航する交渉の潮目を変えた。

　LDCグループが妥協した背景には，バリ合意が成立しなければ，WTOからFTAへのシフトが一段と加速し，FTAに参加できない途上国が完全に取り残されることへの危機感もあった。メガFTA交渉が進むなかで，とくに途上国の間でWTOを重視し，マルチの成果を望む声が高まった。

　WTO交渉の今後の見通しについて，バリ閣僚宣言では，WTO事務局がドーハ・ラウンドの残された交渉分野に関する作業計画づくりに取り組むとしており，WTOの再活性化に向けた機運が高まることへの期待も膨らんだ。しかし，それもつかの間，それに冷や水をかけるような事態が起きた。

　WTOの貿易円滑化協定を今年7月末までに採択する予定であったが，土壇場になって農業補助金の扱いを蒸し返したインドの反対で，採択を断念，交渉全体が機能マヒに陥ったからだ[1]。5月に発足したインドのモディ新政権は，「2017年までの暫定措置」を受け入れたシン前政権の方針を撤回し，採択の見返りとして農業補助金の恒久化を強硬に要求。結局，米国がインドに譲歩したため，11月下旬，一転して採択の運びとなった。

WTO加盟国は部分合意すら容易には実現できなくなったことに，危機感を強めている。特定の国が強硬な主張を続けると合意が危うくなる「全会一致の原則」に基づくWTO交渉の難しさが，改めて浮き彫りとなった。ドーハ・ラウンドの行方は不透明さを増している。WTO離れはなかなか止まりそうもない。

表1-2 バリ・パッケージ合意の内容

分類	内容
貿易円滑化	●通関手続の簡素化（電子化，窓口一本化） ●透明性確保（規制の事前公表，不服申立制度）
農業の一部	●食糧備蓄：途上国政府が食糧備蓄のため生産者から穀物買上げに要した負担のうち，貧困層に放出する分をWTO農業協定上の削減対象から暫定的に除外 ●関税割当の運用改善：関税割当の輸入枠の消化率改善 ●輸出競争：輸出補助金の削減の義務付け
開発	●WTO協定上の途上国優遇規定の履行モニタリング制度の設置 ●後発途上国（LDC）向け特恵関税の対象条件（原産地規則）のガイドライン，LDC向けサービス分野の特恵，LDC向け無税無枠の拡大 ●綿花補助金の削減

（資料）外務省。

第2節　WTO離れとメガFTAの潮流

通商秩序の新たな力学は，TPP（環太平洋パートナーシップ），RCEP（東アジア地域包括的経済連携），日EU経済連携協定，TTIP（環大西洋貿易投資パートナーシップ，米欧FTA）の4大メガFTAを中心に動き始めている。加速するメガFTAの背景には，サプライチェーンのグローバル化も影響している。

企業のグローバル化が進むなか，今や原材料の調達から生産と販売まで，サプライチェーンの効率化が企業の競争力を左右する。これが「21世紀型貿易」（21st century trade）の特徴だ[2]。21世紀型貿易は，企業による国際生産ネットワークの進展によって，貿易と投資の一体化が進み，これまでの枠を超

えた新たな貿易ルールを必要としている。

21世紀型貿易のルールは，サプライチェーンの効率化を通じて，企業が迅速かつ低コストで製品を生産できるようにすることが求められている。この結果，21世紀型貿易においては，企業の国際生産ネットワークの結びつきを妨げる政策や制度はすべて貿易障壁となった。ルールの重点は，国境措置（on the border）から国内措置（behind the border）へシフトしている。具体的には，「WTOプラス」のルール，例えば，サービスの自由化，投資の自由化・保護，知的財産権の保護，競争政策の強化，政府調達の改善，規制の調和などが必要となってきている。

一方，サプライチェーンの拡大に伴い，2国間FTAの限界も明らかとなってきた。2国間FTAでは，サプライチェーンが展開される国の一部しかカバーされない。サプライチェーンをカバーするために複数の2国間FTAを締結しても，「スパゲティ・ボウル現象」と呼ばれるようなルールの不整合が起きてしまう。

サプライチェーン全体をカバーするには，メガFTAが必要だ。メガFTAによって，企業はグローバルなサプライチェーンを拡げることが可能となる。サプライチェーンの効率化という点からみると，「地域主義のマルチ化」（multilateralizing the trade regionalism）が進み，2国間FTAを包含する広域のメガFTAができ，ルールが統一されていくことのメリットはきわめて大きい。

ドーハ・ラウンドの停滞によって，21世紀型貿易のルールづくりの主たる牽引役はWTOではなく，今やメガFTAが担っている。メガFTAの動きが，WTOの求心力低下に拍車をかけている。

第3節　WTOの役割は終わらない

WTOは3つの機能のうち，自由化とルールづくりの機能は低下したが，監視と紛争処理の機能は健在である。WTOのすべての加盟国が，WTOにとって代わるだけの機能をもったFTAを締結することができない以上，WTOの

役割は終わらない。

　メガFTAの潮流が加速しても，WTOの役割が欠かせない理由が3つある。第1に，FTAを締結していない国との通商政策は，WTOを活用するしかなく，FTAだけでは不十分である。例えば，米国，EU，中国の3市場を包含するメガFTAが近い将来締結される見込みはない。欧米にとって頻発する中国との貿易紛争の解決はWTOに頼るしかない。

　第2に，FTA競争から取り残された途上国にとっては，WTOは必要な枠組みである。経済規模が小さくFTA締結の機会も少ない途上国は，WTOの失速と機能低下によってグローバル化から取り残されてしまうという懸念がある。メガFTA間の隙間に埋もれてしまう途上国への対応を忘れてはならない。

　第3に，FTAは事務局を持たず，強力な監視および紛争解決の機能を期待できない。とくに経済が縮小するような局面では，FTAは保護主義を阻止する上では有効に機能しない。むしろブロック経済化が進む危険性すらある。

　したがって，FTAでも代替できることと，WTOでしか果たせない役割を認識すべきある。WTOとFTAの棲み分けが非常に重要である。

第4節　蔓延する保護主義とWTO

　2008年のリーマン・ショック以降，保護主義的措置が急増した。各国が発動した措置はきわめて多様で，関税引き上げ，輸入数量制限といった従来型に加え，規格・基準の厳格化，輸入許可制の導入，輸入港・空港の制限，貿易救済措置が増えた。また，政府調達における国産品優先（バイ・アメリカン条項など）や，政府による資金支援も実施された。しかし，1930年代の世界大恐慌のような深刻な事態には陥らなかった。WTOの監視機能が保護主義を抑制したと見られる。

　WTOによる監視には限界もある。例えば，関税引き上げは貿易制限的な措置であるが，実際に適用している関税率がWTO協定で約束している関税率（譲許税率）を超えない範囲であれば，WTO協定違反にはならない[3]。

また，WTO協定で認められた正当な目的を掲げ，協定で定められた手続きに則っている限り，WTO協定違反とはならない。だが，正当な目的を隠れ蓑にした保護主義的な措置が後を絶たない。それらは「偽装された保護主義」と呼ばれている。

例えば，アンチ・ダンピング（AD）税などの貿易救済措置が増加しているが，不公正貿易の抑止という正当な事由のため，WTO協定で定められた要件と手続に則っている限り，AD税の発動は合法的である。しかし，実際には協定で認められた範囲を逸脱した保護手段として濫用・悪用されているとの指摘が多い。現行ルールの解釈や適用方法に問題があるからだ。

最近目立っているのが，強制規格の導入だ。途上国を中心に相次いで実施されている。規格遵守を任意でなく義務とする強制規格については，WTO協定の中のTBT（貿易の技術的障害に関する協定）によって，正当な目的の達成のために必要以上に貿易制限的であってはならないとされる。しかし，不必要な措置であるか否かの判定が難しい場合が多い[4]。

最も注意しなければならないのは，危機直後に先進国を中心に広がった国内企業への政府支援で，WTO協定違反か否かを判断しにくい場合が多い。リーマン・ショックは，政府と企業の関係についてこれまでの常識を一変させた。金融機関は別として，一般企業に対する政府による救済は避けるべきだとされてきた。市場での競争原理を歪めるからである。しかし，米政府によるGMとクライスラーへの支援をきっかけに，危機管理を大義名分に，欧州各国でも政府が公然と国内企業にテコ入れする動きが広がった。しかし，政府支援は危機が去るまでの一時的な措置であることを忘れてはならない。

各国が保護主義に走らないよう，睨みを利かせるWTOの監視機能は重要である。2009年4月のG20ロンドン・サミットでは，スタンドスティル（新たな貿易障壁の導入禁止）とロールバック（危機後導入した保護主義的措置の是正）のほか，保護主義的措置に関するWTOへの通報，WTOによる各国の遵守状況についてのモニタリング（監視）についても合意された。

WTOは，経済危機以降に各国で新たにとられた貿易制限的な措置をリストにまとめ，2009年1月と4月に第1次と第2次の報告書を公表した。G20ロンドン・サミットは，WTOによるこの作業を評価し，各国に保護主義的措置

の通報を義務づけ，WTOに対し4半期ごとの報告書のとりまとめと公表を指示した。

その後，保護主義的措置を監視するため，2009年9月のG20ピッツバーグ・サミットの合意に基づき，WTOは半年ごとに「G20諸国の貿易措置に関する報告書」を作成している[5]。ただし，報告書が扱う貿易制限措置については，G20各国の通報に基づいてWTO事務局がリストアップしたものであり，これらの措置がWTO協定と整合的かどうかは問われていない[6]。

第5節　WTOの制度改革の焦点

ドーハ・ラウンドが停滞している主な要因の1つとして，WTOにおける制度上の問題が指摘されている[7]。

第1に，ドーハ・ラウンドは，シングル・アンダーテーキング（一括受諾方式）を採用しているが，この交渉方式がもはや機能しなくなっている。シングル・アンダーテーキングとは，"Nothing is agreed until everything is agreed." という意味であるが，交渉分野が容易なところから困難な領域に移行するのに伴い，すべての分野の合意を交渉妥結の前提条件とするようなやり方が重荷となっている。ラウンドからの切り離しを含めて，特定分野ごとの交渉方式（部分合意）も選択肢に入れるべきである。

第2に，コンセンサス（全会一致）の原則が意思決定を困難にしている。WTOに事実上，160の拒否権が存在するのと同じだ。加盟国の増加と多様化が進む中で，全会一致の合意を取り付けることは今や至難の業となった。

第3に，加盟国が一律の権利義務関係を持つというやり方が限界に直面している。自国に都合の良い協定にだけ参加する「つまみ食い」を懸念して，WTOはすべての協定を一括して受諾する方式をとっている。WTOではサービス（GATS）や知的財産権（TRIPS）などに関する協定が導入され，すべての加盟国が参加を義務付けられた。しかし，加盟国の多様性によって，一律の規律では協定の内容を質的に高めることが難しくなっている。

2011年12月のMC8における議論が，WTOにとって大きな転換点と位置

づけられる。WTO 交渉の失速を懸念して，WTO の制度改革を求める声が高まった。

　第 1 に，ドーハ・ラウンドについて，これまでのアプローチ（全会一致と一括受諾方式の原則など）では合意が困難であるとの認識が共有された。これを受けて，有志国によるプルリ合意の可能性が議論されることになった。

　第 2 に，案件ごとに異なったスピードで処理する可能性が容認されたことの意義は大きい。これによって部分合意の可能性が高まり，バリ・パッケージ合意の実現につながった。

第 6 節　プルリ合意の意義：WTO 復活の起爆剤か

　WTO のドーハ・ラウンドが行き詰まるなか，最近，注目を集めているのが，プルリ協定（pluri-lateral agreement）である。これは有志国間の協定だが，包括的な広域 FTA と異なり，個別分野ごとの複数国間の枠組みである。

　主要国は，包括的なラウンドよりも比較的に妥結しやすい有志国によるプルリ合意に大きな関心を持ち始めている。プルリ合意は，WTO の意思決定における欠陥をカバーして，WTO の交渉に弾みを与えるかもしれないからだ。

　第 1 に，特定分野の交渉であるため，多数の分野を包括的に交渉するラウンドにみられるようなシングル・アンダーテーキング（一括受諾方式）の制約を全く受けない。第 2 に，有志国による交渉であるため，コンセンサス（全会一致）方式の弊害を緩和できる。

　プルリ協定には WTO 協定を補完する役割が期待される。例えば，日米 EU など 11 カ国・地域が参加する模倣品・海賊版拡散防止条約（ACTA）は，本来的には WTO の TRIPS（知的財産権の貿易関連側面）協定の改正により模倣品や海賊版の取り締まりを強化すべきものであるが，途上国が知的財産権の強化に対して消極的であるため，プルリ協定の形となった[8]。

　一方，WTO におけるプルリ合意としては，WTO 情報技術協定（ITA）がある。1997 年に発効した ITA は，コンピュータ，通信機器，半導体などの IT 関連製品および部品に課された関税の撤廃を目指した協定である。1996 年 12

月に29カ国が合意，その後参加国を増やし，現在は78カ国まで拡大している。しかし，ITAの対象品目（約140品目）は変わっていない。当時はまだ普及していなかったデジタル製品も多いため，ITAの対象品目の見直しが必要となっている。

このため，2012年5月からITAの品目拡大交渉が始まった。当初，2013年12月のMC9で正式合意を目指したが，中国が相当数の品目についてITAの対象とすることに難色を示したことで，日米欧との溝は埋まらず，MC9での合意は見送られ，今も交渉は続いている。

MC9の成果の1つとしては，2012年3月に採択された改正政府調達協定（GPA）の2014年3月までの発効が加盟国間で確認された。GPAもWTOにおけるプルリ協定だ。加盟国は日米EUなど15カ国・地域である。

いま最も注目されるプルリ合意に向けた動きが，新サービス貿易協定（仮称TISA）である。TISAは，1995年のサービス貿易一般協定（GATS）を全面的に見直し，新しいサービス貿易のルール作りを目指している。

サービス貿易の自由化はドーハ・ラウンドの主要議題の1つであるが，交渉は行き詰まっている。このため，2012年以降，WTOの全メンバーではなく，自由化に前向きなメンバーだけでプルリ協定の交渉を進めようとする動きが強まり，2013年6月から，TISAに関する有志国会合（日米EUを含む22カ国・地域）が本格的な交渉段階に入った。

さらに，ごく最近の動きでは，2014年1月のダボス会議で，日米やEU，中国，韓国など41カ国・地域が，環境物品の関税引き下げに向けた自由化交渉を始める準備に入ると発表した。環境物品の協議は，21カ国・地域が参加するAPEC（アジア太平洋経済協力会議）が先行しており，2012年9月にウラジオストックで開かれたAPECサミットで，54品目の環境物品について関税率を2015年末までに5％以下にすることで合意している。

プルリ協定の締結は，これまでの多国間交渉の枠組みを変えようとする動きであるが，いくつか問題点もある[9]。第1に，交渉開始が困難である。WTOで交渉を始める場合は，非参加国も含めてWTO加盟国すべての合意が必要である。たとえ有志国間の交渉であっても，将来，多国間のルールに発展する可能性を嫌って交渉開始に反対する国も出るだろう。

第2に，ラウンド交渉の一括合意へのこだわりがある。特定分野の合意を認めると，他の交渉分野の合意に向けた推進力が弱まり，各国の譲歩が得られず，一括合意に向けた分野横断的な妥協の余地が狭まることが懸念されるからだ。プルリ合意は自分の首を絞めることになるのか。

　プルリ合意が WTO 復活の起爆剤となれるか，それとも WTO 崩壊の自爆テロに終わるのか。それは，WTO によるグローバル・ガバナンス次第だ。現在のようにドーハ・ラウンド合意の見込みがない状況では，特定分野の交渉をラウンド交渉から切り離すべきだという声は，先進国を中心に増えており，プルリ合意へのインセンティブはますます強まるだろう。

第7節　21世紀型貿易とWTOの将来

　21世紀型の貿易ルールづくりを目指す WTO のドーハ・ラウンドは，膠着状態に陥り抜け出せない。このため，サービス，投資，知的財産権，競争政策，政府調達，環境，労働などの分野をカバーする新しいルールは，TPP，TTIP などメガ FTA を中心に WTO の外で作られようとしている。

　だが，一連のメガ FTA 交渉が進んでも，地域主義の性格上，参加国と非参加国との間に「域外差別」の問題が生じる。メガ FTA は，グローバルな貿易システムを自動的に保証するわけではなく，さまざまな弊害を生む危険があることに注意しなければならない。

　サプライチェーンの効率化を進める企業にとって，メガ FTA ごとにルールが違うのは困る。貿易システムの分極化は避けねばならない。メガ FTA の間でルールの調和が必要だ。その調整の場は WTO しかないであろう。

　メガ FTA がいくつも躍り出たことで，逆に，再びグローバルなルールとそれを支える多国間の枠組みとしての WTO の存在意義が再認識されるとすれば，WTO にとってはチャンスである。WTO 復活のカギは，メガ FTA 間の調整という WTO の「第4の機能」にかかっている。

　WTO の将来像についてどのようなシナリオが描けるのか。21世紀型貿易における WTO の将来は，悲観と楽観の2通りが考えられる。第1のシナリ

オは，21世紀型貿易においてWTOが脇役に甘んじるという悲観的なケースだ。WTOは，監視と紛争解決の機能に特化，21世紀型貿易のルールづくりはすべてメガFTA任せとなる。

これに対して，第2のシナリオは，WTOの求心力を回復させ，主役に復帰するという楽観的なケースだ。WTOは，情報技術，政府調達，サービス，投資，知的財産権，競争政策，環境などの問題について，新たな多国間のルールを提案するか，メガFTAの新しいルールの一部を多国間に適用するようにするなど，21世紀型貿易のルールづくりに積極的に関与していく。メガFTA間の調整役をWTOは担うべきだ。

なお，関与の形態としては，複数のバリエーションがある。ITAやTISAなどのように有志国によるプルリ協定や，バリ・パッケージ合意のように特定分野に関する多国間協定としてまとめることも考えられる。

WTOの将来は，21世紀型貿易に十分対応できずこのまま脇役に退くのか，それとも，主役として21世紀型貿易の新たなルールづくりに創造的に関わっていくことができるのか，WTOは今まさに剣ヶ峰に立っていると言えよう。

注
1) 貿易円滑化協定の採択を求める先進国が，他のバリ合意事項の実施やドーハ・ラウンドの作業計画づくりに関する協議を拒否，WTO交渉全体が機能マヒに陥る事態となった。
2) Baldwin (2011, 2012)。
3) 2011年12月のMC8の議論では，保護主義抑止のために強いコミットメントを行うべきとの主張に対して，WTO協定の範囲内で自由化を後退させる余地を認めるべきとの主張もあった。
4) 例えば，08年9月，インドは一部の鉄鋼製品に対する強制規格を実施した。これによりインドに輸入される鉄鋼製品は，BIS (Bureau of Indian Standards) 規格を取得しなければならなくなった。インドはその目的を製品の安全および品質の確保と説明している。
5) WTOウェブサイト：http://www.wto.org/english/news_e/news13_e/trdev_18dec13_e.htm
6) これは，貿易制限措置によって被害を被った加盟国によるWTO提訴があって，初めてWTOのパネル（紛争処理小委員会）がWTO協定との整合性について調査に乗り出し，裁定を下す仕組みとなっているからだ。
7) 中富 (2012)。
8) ACTAは今後，グローバル・ルールとなることを期待されているが，2012年7月にEU議会が批准を拒否するなど，前途は多難である。
9) 小寺 (2012)。

参考文献
馬田啓一 (2010a)「WTOドーハ・ラウンドと日本の課題」青木健・馬田啓一編著『グローバリゼーションと日本経済』文眞堂。

馬田啓一（2010b）「経済危機と保護主義」青木健・馬田啓一編著『グローバル金融危機と世界経済の新秩序』日本評論社。

馬田啓一（2013a）「TPPと新たな通商秩序：変わる力学」石川幸一・馬田啓一・木村福成・渡邊頼純編著『TPPと日本の決断』文眞堂。

馬田啓一（2013b）「オバマの通商戦略に死角はないか：WTOとメガFTAへの対応」国際貿易投資研究所『季刊国際貿易と投資』No.94。

馬田啓一（2014）「メガFTA時代のWTO：主役か，脇役か」国際貿易投資研究所『季刊国際貿易と投資』No.95。

外務省（2013）「第9回WTO閣僚会議（概要と評価）」（2013年12月11日）。

川瀬剛志（2009）「世界経済危機後の保護主義とWTO—多国間通商協定によるガバナンスの役割，実効性および課題—」RIETI政策シンポジウム報告（2009年7月16日）。

木村福成（2005）「ドーハ開発アジェンダとWTO体制の危機」馬田啓一・浦田秀次郎・木村福成編著『日本の新通商戦略—WTOとFTAへの対応』文眞堂。

経済産業省編（2013）『2013年版不公正貿易報告書』経済産業調査会。

日本貿易振興機構編（2013）「特集・到来！メガFTA時代」『ジェトロセンサー』2013年12月号。

小寺彰（2012）「通商ルール定立の場としてのWTO：今後の可能性」浦田秀次郎・21世紀政策研究所編著『日本経済の復活と成長へのロードマップ』文眞堂。

中富道隆（2012）「プルリの貿易ルールについての検討」RIETI policy Discussion Paper Series 12-p-002（http://www.rieti.go.jp/publications/pdp/12p002.pdf）。

吉野文雄（2011）「WTOとFTAの関係：悲観と楽観」馬田啓一・浦田秀次郎・木村福成編著『日本通商政策論—自由貿易体制と日本の通商課題』文眞堂。

吉野文雄（2012）「WTOの失速：その存在意義」馬田啓一・木村福成編著『国際経済の論点』文眞堂。

渡邊頼純（2012）「WTOとアジア太平洋における経済統合」山澤逸平・馬田啓一・国際貿易投資研究会編著『通商政策の潮流と日本：FTA戦略とTPP』勁草書房。

Baldwin, R. (2011), "21st Century Regionalism: Filling the Gap between 21st Century Trade and the 20th Century Rules," Centre for Economic Policy Research, *Policy Insight*, No.56, May 2011.

Baldwin, R. (2012), "21st Century Trade and the 21st Century WTO," Research Institute of Economy, trade and Industry, June 2012.

Baldwin, R. and Patrick Low eds. (2009), *Multilateralizing Regionalism: Challenges for the Global Trading System*, Cambridge University Press.

Hufbauer, G.C. and Schott, J. (2012), "Will the World Trade Organization Enjoy a Bright Future?" Peterson Institute for International Economics, Policy Brief 12-11, May 2012.

WTO (2004), "The Future of the WTO: Addressing Institutional Challenges in the New Millennium," Report by the Consultative Board to the Director-General Supachai Panutchpakdi.

WTO (2013a), *WTO Annual Report 2013*.

WTO (2013b), *Bali Ministerial Declaration*, Adopted on 7 December 2013, Ministerial Conference ninth Session, Bali, 3-6 December 2013.

（馬田啓一）

第 2 章
欧州危機の政治経済学
―2つのトリレンマ―

はじめに

　2014年5月22〜25日に投票の行われた欧州議会選挙の結果では,「反EU」の勢力が全体の約2割を占めるに至る躍進を見せた。フランスでは,極右の国民戦線（FN）が得票率約25％で,全国規模の選挙で初の首位となり,イギリスではEU脱退を唱える英国独立党が最多議席を獲得した。ギリシャでは「反緊縮財政」を掲げる最大野党の急進左派連合が首位となり,イタリアでもEUに懐疑的な野党「五つ星運動」が2位になった。
　この結果を見るに,欧州の危機はもはや債務危機でも金融危機でもなく,EUそのものの危機になりつつある。
　経済学の理論は,EU市民が何を求めるべきかを説くことはできない。しかし,「何が不可能であるか」を説くことはできるという意味で,選択肢を提示することは可能であると思われるのである。
　本章では,EUが直面する危機を2つの「トリレンマ」という観点からこれを明らかにする。同時には成立することのできない3つの選択肢の組み合わせの中から,何れか1つを断念することを余儀なくされている。経済的にも,政治的にも,である。それがEUの直面している現実である。
　以下,第1節ではこの2つのトリレンマについて概説をし,EUの直面している問題を明らかにする。続く第2節では,そのことの結果として,EUという統治機構が加盟国の独自性に対処できないことの問題を指摘する。その独自性とは,1つに各国が直面する異なったマクロ的ショックであり,2つに各国がもつ政治経済学的多様性である。

第1節 2つのトリレンマ

1. 経済政策のトリレンマ

「トリレンマ（trilemma）」とは，3つの事柄が同時には成立し得ない状況を表すものである。2つのことが両立しない時に用いる「ジレンマ（dilemma）」を3つのケースに適用した語である。国際マクロ経済学の教科書で取り上げられる「経済政策（国際金融）のトリレンマ」とは，以下の3つが同時には成立しないことを意味する。

E①　1国の景気対策として金融政策を用いること
E②　為替レートを固定すること
E③　自由な資本取引を認めること

図2-1は簡略化した形でこれを三角形として表している。例えば，ある国が景気対策として金融の緩和を行うとすれば（E①），この国は自国通貨供給量を増加させることになる。これは金利の低下をもたらし，それが投資支出を増加させることが期待される。他方で，自由な資本取引が認められていれば（E③），金利の低下は自国通貨の減価をもたらすであろう。このこと自体は，為

図2-1　経済政策のトリレンマ

（出所）　筆者作成。

替レートの固定（E②）と両立しない。固定相場制を維持する（E②）のであれば，これは介入を通じて阻止されねばならない。このとき必要となるのは，自国通貨買いの介入である。しかし通貨当局による自国通貨買いは，この国の貨幣供給量が減少することを意味し，当初の金融緩和は無効になってしまう。つまり，自由な資本取引（E③）の下で金融緩和（E①）を行おうとすれば，為替レートを固定する（E②）ことはできないし，為替レートを固定（E②）しようとすれば，金融政策（E①）は無効にならざるを得ない。

しかし，もしこのとき対外的な資本取引が充分に規制されていれば，金融緩和に伴う金利の低下は必ずしも自国通貨の減価を伴わないであろう。そうであれば介入の必要もなくなるという意味で，金融政策（E①）と為替レートの固定（E②）を両立させることができる。しかし，言うまでもなくこのことは，自由な資本取引（E③）を断念して初めて可能になるのである。

ここで為替レートの固定（E②）としているものは，その究極の形態である「共通通貨」に置き換えて考えることもできる[1]。

現在のEUは，単一市場を形成することで自由な資本取引（E③）を認めており，そのうちユーロ圏に属する国々は，共通通貨という形でE②を採用していることになる。結果として，ユーロ参加国は欧州中央銀行（European Central Bnak, ECB）の統一的金融政策の下，各国が独自の金融政策を行うこと（E①）を断念している。

2. 政治的トリレンマ

Rodrik（2011）は，政治的なレベルにおいて別なトリレンマが存在することを主張している。それによれば，以下の3つを同時に達成することはできない。

P① ハイパーグローバリゼーション
P② 国民国家
P③ 民主主義

経済政策のトリレンマと同じ形式で，三角形にしたものが図2-2である。ここでP①の「ハイパーグローバリゼーション」とは，経済取引に関わるあら

図2-2　政治的トリレンマ

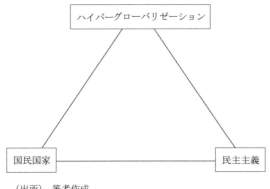

（出所）　筆者作成。

ゆる取引費用が削減され，国境が財やサービス，資本の取引に何の制約ももたらさないような状態である。もちろん，そこではさまざまな制度，規制，基準に関して，国を超えたルールが適用されなければならない。P②の「国民国家」は，国家主権に関わるものであり，国家ないし政府が，国境の内側および国民に対して自律的な政策的意思決定を行うことができる状態を意味している。P③の「民主主義」は，言うまでもなく，それらが民意の反映として決定される状態を表している。

「ハイパーグローバリゼーション」（P①）と「国民国家」（P②）を両立させようとすれば，そこでの一国政府の政策は，それが国際社会のグローバル化の要請に添うものであることが最優先されざるを得なくなり，それが必ずしも民意を適切に反映したもの（P③）であるという保証はまったくない。これは19世紀後半の国際金本位制の時代を想起させるものである。金本位制という厳格な国際金融ルールの遵守と資本移動を含めた自由化政策は，国内の景気対策等を犠牲にすることで成り立っていた。それは，未だ普通選挙が一般的ではなかった民主主義なき時代と，帝国主義国家による軍事的強制によって初めて可能な産物であったのである。

「ハイパーグローバリゼーション」（P①）の要求する政策が民意（P③）と両立することは不可能ではない。Rodrik（2011）はこれを「グローバル・ガバナンス」と呼んでいる[2]。グローバルな統治のルール，機構，政策（P①）

がそれに関わる人々の民意に基づいて（P③）形成されるというケースである。これはアメリカ的な連邦主義の国際的展開として実現するものであり，言うまでもなく EU という統治機構もまたその壮大な実験である。しかし，そこでは国家主権（P②）の役割は自ずと縮小せざるを得ない。

　国家ないし政府が民意に基づいて（P③）国民の福祉を最大化すべく自律的な政策決定を行う（P②）時，それがグローバルな国際社会の要請（P①）と両立することは極めて困難であろう。第二次世界大戦後のブレトンウッズ体制においては，民主主義に基づく（P③）国内の雇用・成長を重視した経済政策（P②）が追求されたが，それは資本取引をはじめとするさまざまな規制の下において，すなわち P①を断念することによって実現したと考えられるのである。

　このように，これもまたトリレンマである以上，これら3つを同時に実現することはできない。少なくとも何れか1つが断念されねばならないのである。

3. EU の直面するトリレンマ

　図 2-3 は EU が直面する2つのトリレンマを図式化したものである。EU の中でユーロに参加している国々は，「経済政策のトリレンマ」において，「自由な資本移動」と「共通通貨」を選択することで，独自の金融政策を放棄している。すなわち次の三角形における底辺部分を選択していることになる。これ自体は「経済政策のトリレンマ」と整合している。しかし，「自由な資本移動」と「共通通貨」を選択しているまさにそのことが，「政治的トリレンマ」における「ハイパーグローバリゼーション」を選択していることを意味する。したがってユーロ参加国は，「政治的トリレンマ」において，「国民国家」または「民主主義」の何れかを放棄することを迫られていることになる。EU の抱える問題の本質はここにある。

　ユーロに参加してない他の EU 加盟国はどうであろうか。これは程度の違い（それ自体は重要ではあるが）しかもたらさないであろう。金融政策の独自性を確保しているにしても，それ以外のさまざまな政策，基準，ルールについてEU の統一的政策に服することを余儀なくされているという意味では，これらの国も「政治的トリレンマ」において「ハイパーグローバリゼーション」を選

図 2-3　EU（ユーロ参加国）の2つのトリレンマ

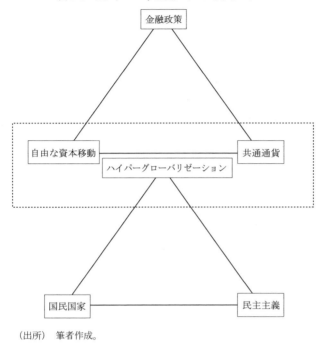

（出所）　筆者作成。

択しており，その程度に応じて「国民国家」か「民主主義」の何れかを犠牲にしなければならないのである。

　また，ユーロ加盟国の直面するハイパーグローバリゼーションには，国ごとの金融政策の放棄のみならず，安定協定（財政赤字が GDP の 3 ％以下，累積債務は GDP の 60％以下）を通じての財政政策の足枷も含まれている。次節で見るように，EU やユーロ圏といった「ハイパーグローバリゼーション」は，「民主主義」を犠牲にしない限り，今なおその重要性をまったくといっていいほど低下させていない「国民国家」の独自性に抵触するのである。その独自性とは，1 つに直面するマクロ経済的ショックの多様性であり，2 つに国民経済体制それ自体の政治経済学的多様性である。

第2節　ハイパーグローバリゼーションの足枷

1. 異なるマクロ的ショックへの対応[3]

問題の本質は，ハイパーグローバリゼーションを選択した場合，各国が直面するマクロ経済状況に対して，各国の選好（国家主権ないし民主主義）に基づいた対応が可能であるかということである。もちろん答えは，否である。

表2-1を見ていただきたい。今，F国とG国があり，それぞれを異なったマクロ・ショックが襲っているとする。F国は負のマクロ・ショックを受け，失業率が上昇している。これに対し，G国では景気が過熱し，インフレーションが問題になっているとしよう。表2-1の一番左側のケースは，F国とG国がそれぞれ独自の通貨を持ち，かつ変動相場制が採用されているケースである。真ん中のケースは，F国とG国がそれぞれ独自の通貨を持っている点で同じであるが，両者は互いに為替レートを固定している。最後に一番右側のケースは，F国とG国が共通通貨を用いているケースである。以下，資本移動は自由であることを前提とする。

まず，変動相場制のケースでは，このような状況下で金融政策が有効であることが知られている。F国での金融緩和はF国の金利を低下させ，投資支出を増加させる。逆にG国では金融の引締めが行われ，支出が抑制される。また教科書的なマンデル＝フレミング・モデルでは，これらの効果はむしろこの

表2-1　異なるマクロ・ショックとマクロ経済政策

	変動相場制		固定相場制		共通通貨	
	F国 失業	G国 インフレ	F国 失業	G国 インフレ	F国 失業	G国 インフレ
金融政策	○ 緩和	○ 引締め	× 不可	× 不可	○ 緩和　　× × 　　引締め　○	
財政政策	△ 拡張	△ 緊縮	△ 拡張	△ 緊縮	○ 拡張	○ 緊縮
平価変更	× 不可	× 不可	△ 切下げ	△ 切上げ	× 不可	× 不可

（出所）筆者作成。

金利差によるF国通貨の減価，およびG国通貨の増価によってもたらされることになる。F国では輸出が拡大し，景気回復が期待されると同時に，G国では安価な輸入品の増加によってインフレが抑制される。

　この時，財政政策を通じて状況に対処することもできると考えられる。F国では財政を拡張し，G国では緊縮財政がとられる。しかし，ここでその効果が△になっているのは，これも教科書的なモデルでよく知られているように，F国における財政赤字の拡大は，F国の金利に上昇圧力をもたらし，それがF国通貨を増価させることを通じて輸出需要が抑制されるためである。同様の理由でG国における緊縮の効果も海外要因によって抑制されることになる。もっとも初等的なマンデル＝フレミング・モデルでは，これらの財政政策の効果はゼロになる場合がある[4]）。

　次に真中の固定相場制のケースであるが，この時両国は独立した金融政策を行うことができなくなる。すでに第1節第1項で述べたように，自由な資本移動の下では為替レートの固定と独立した金融政策は両立しない。他の方法としては，財政政策でこれに対処することができるし，平価を変更（F国で切下げ，G国で切上げ）し，F国の輸出拡大，G国の輸入増大を期待することもできる。しかしここで重要なことは，いずれもその効果は△とせねばならない点にある。

　両国の非対称的な財政政策は，金利差の拡大を通じて資本移動を引き起こす。為替レートを固定するためにはそれを相殺するための介入を必要とする。つまり，財政政策に過度に依存することは介入の負担を増大させることになろう。平価の変更もそれが繰り返されれば，景気の状況に応じて切上げ，切下げの予想を引き越し，そのたびに投機的資本移動を誘発することになり，やはり介入の負担を増大させる。伝家の宝刀として用いるのでない限り，それは為替レートの永続的な固定とは両立しない。金融市場がグローバルに展開すればするほど，そこでの膨大な取引額に対して介入による影響力は弱まらざるを得ない。そうであれば，介入を通じて為替レートの固定を維持するためには，何よりも為替レート固定に対する市場の信頼を維持することが重要になるのである。財政政策や平価変更は，いずれも外国為替市場にとっての攪乱要因となり，為替レートの固定を維持する観点からは無条件に有効であるとは言えない

であろう。

　最後に一番右の共通通貨であるが，この場合言うまでもなく金融政策は1つしか行うことができない。金融の緩和はF国の不景気を救済するが，G国のインフレを加速するであろう。逆にG国のために金融を引き締めれば，F国の景気はさらに悪化することになる。もはや為替レートは存在しないため，平価の変更は伝家の宝刀にも使えない。ところがこの場合，財政政策は特に有効になるのである。もはや固定すべき為替レートが存在しない以上，財政政策のもたらす市場攪乱効果に留意する必要はない。また共通通貨への参加国が多数であれば，一国の財政拡張が共通通貨を全体として増価させる懸念は，変動相場制の場合よりも小さいと考えられるであろう。

　結論として，共通通貨の下では各国は一時的マクロ・ショックに対して，唯一有効である財政政策に「過度に」依存せざるを得なくなるということである。固定相場制の時には，平価維持の観点から控えめに行うインセンティブが存在し得たが，共通通貨の下ではそれは存在せず，むしろこれを安心して（？）大胆に行うことができてしまう。また，他の手段が利用可能でない以上そうせざるを得ないのである。

　その意味でEUの安定協定は，その唯一可能な手段をハイパーグローバリゼーションの足枷によって奪っていることになる。金融危機がもたらした負のマクロ・ショックに続いて財政危機が訪れたのは，共通通貨に内在する本質的メカニズムの必然的帰結に他ならないのである。

2. EU加盟国の政治経済学的多様性

　多様性は，異なるマクロ的ショックのみならず，EU加盟国の政治経済体制の多様性によってももたらされる。Hall（2012）によれば，それは輸出主導経済（ドイツ，オランダ，オーストリア，デンマーク，フィンランド）と内需主導経済（ギリシア，スペイン，ポルトガル，イタリア）である[5]。

　前者は経済成長の原動力を，輸出を通じた世界需要に求めており，結果として輸出競争力の低下につながる高賃金を回避するために，概して中立的なマクロ経済政策を追求する傾向がある。これに対して後者は，低賃金，高付加価値，設備投資による労働節約等といった輸出主導を可能にする条件を備えてお

らず，しばしば高いインフレーションを伴う。その結果，自国通貨の減価を通じて問題に対処することを必要とする国々である。

　これらの国々は，通貨統合への参加に際し異なったメリット・デメリットを被ることになる。輸出主導経済は，通貨統合においてその輸出競争力を謳歌することができるのみならず，さまざまな国が参加したことからユーロ自体は対外的にも幾分安めの状態を保つことができた。これらのことは輸出主導経済にとって，相対的に良好な経済パフォーマンスを保つことを可能ならしめたのである。また，前項で述べた負のマクロ・ショックに対しても，輸出需要の増加にその活路を見出す余地がある。

　これに対して内需主導経済は，単一市場において競争的賃金抑制をある程度確保できた反面，ひとたび内需拡大がインフレーションの火種となった時には，輸出競争力を維持するために必要な自国通貨の減価という手段を完全に失ってしまったのである。そしてこれも前項で見たとおり，そのような状況下で国民の所得レベルを維持しようとすれば，手元にある最大の手段は財政政策のみである。

　これらの国々には本来，それぞれ異なった財政・金融政策が必要とされるにも関わらず，そこに統一化されたハイパーグローバリゼーションが強制されている。EUが支援と引き替えに要求した緊縮財政（ギリシアは3年間に対GDPで11％ポイント，アイルランドは5年で9％ポイント，ポルトガルは3年で6％ポイント）および構造改革は，ここで述べたような国による経済構造の多様性，したがって被支援国の国家主権や民主主義と両立し得ない。

　北ヨーロッパ（輸出主導経済）のルールを適用することは，南ヨーロッパ（内需主導経済）の民意と両立せず，南ヨーロッパの救済コストを負担せよという要請は，北ヨーロッパの民意と両立していない。その結果，自らの民意がEUという「ハイパーグローバリゼーション」と両立していないと感じる有権者達は，トリレンマにおいてますます「ハイパーグローバリゼーション」ではなく「国民国家」を選択することを余儀なくされていくしかないであろう。

　救済が何も行われなかったのではない。それは確かに行われた。時に議論を呼び起こす異例な形でも行われた。しかし，それは小出しであり，渋々であり，明らかに不十分な上，結果として高くつき，効果は限定的にならざるを得

なかった。

　救済のメリットが破綻のコストを上回ることは漠然と認識されているものの，どの国がどのような形で救済に係わるリスクを負担するかについて，合意ができないでいるのだ。

　統合の更なる深化か，民主主義に支えられた国民国家への回帰か，どちらの道がEU市民にとって幸福の道であるかは，本章では明らかにし得ない。ただし，本章で明らかにしたように，その両方はあり得ないということだ。

　かつて欧州統合に熱心な政治的指導者がいた。とりわけ，ドイツとフランスの指導者の息が合っている時には，時に反目しつつも，常に統合を前進させ深化させてきた。メルケルとオランドはそれに該当するのだろうか？彼・彼女らは，すでにトリレンマにおける「民主主義」に支えられた「国民国家」を「手放さない・手放せない」ことを，その言動を通じて明らかにしているのではないか。

注
1）　現実的には，「共通通貨」と「独自の金融政策」という組み合わせはあまり考えられないが，理論的には資本取引を規制すればそれは可能であると考えられる。
2）　Rodrik（2011），邦訳235-236ページ。
3）　本項における記述は，西（2012）を短縮して再掲したものである。
4）　ここで平価の変更を「不可」としたのは，言葉を字義通りに解釈した結果である。変動相場制においても為替レートを特定の方向に誘導する，いわゆる為替政策が可能であるが，ここではそれは金融政策に含めている。いずれにしても変動相場制において言葉の厳密な意味における「平価」は存在しないし，その「変更」という概念もなじまない。
5）　Hall（2012），pp.358-359.

参考文献
西孝（2012）「欧州債務危機の根底にある問題」馬田啓一・木村福成編著『国際経済の論点』文眞堂，第12章所収。
Hall, Peter A. (2012), "The Economics and Politics of the Euro Crisis", *German Politics*, 21:4, 355-371, DOI: 10.1080/09644008.2012.739614
Rodrik, Dani (2011), *The Globalization Paradox: Democracy and the Future of the World Economy*, W. W. Norton & Co Inc.（柴山桂太・大川良文訳『グローバリゼーション・パラドックス―世界経済の未来を決める3つの道』白水社，2014年。）

（西　　孝）

第3章

農産物貿易自由化をめぐる政策決定過程の変遷
―自民党政権下の変化に注目して―

はじめに

　我が国の政策意思決定システムは，自由民主党（自民党）による一党優位政党制が長く続いたこともあって，独特のシステムが制度化されてきた。農産物の貿易自由化に関する政策過程においても，農林族・農林水産省（農水省）・全国農業協同組合中央会（JA全中）の政策ネットワークが，強力な鉄の三角形を構築し，センシティブな農産物の貿易自由化を難しくしていた[1]。

　ところが，2001年以降，小泉純一郎首相（当時）の力強いリーダーシップのもと，官邸主導体制が確立され，政策意思決定システムにも変化が生じた。小泉首相を中心とするコア・エグゼクティブ（内閣，与党幹部，幹部官僚）は，これまで聖域とされてきた農産物の貿易自由化に対しても例外なく検討し，日本メキシコFTAでは初めてWTOプラスの譲許を行っている。政策意思決定システムが従来と異なるのは，コア・エグゼクティブを中心とするトップ・ダウン型の官邸主導体制が構築されたことが大きい。しかし，農林族，農水省，JA全中を中心とする政策ネットワークが政策過程に及ぼす影響力を喪失したかというと，コメを中心とする特定の農作物の保護が続けられたことからみて，その影響力は堅持されたと考えられる。

　しかし，2013年3月15日，当初，参加が極めて難しいと目されてきた環太平洋パートナーシップ協定（TPP）交渉に参加することを，民主党政権から政権奪還を果たした自民党政権の安倍晋三首相が表明した。「質の高い」FTAを標榜するTPP交渉への参加は，農産物の関税撤廃が条件となることから，民主党政権時にはできなかった。そのため，日本が，TPPに参加表明したこ

とは，日本の通商政策史においても政策過程をみるうえでも極めて重要な意味合いを持つ。本章の問題意識は，(1) 第二次安倍政権においていかにしてTPP参加表明を可能にし，(2) 政策意思決定システムが，小泉政権からどのように変容を遂げたのかである。

第1節　政策ネットワーク論の概要

　日本の政策過程研究においては，当初は，アクター論が中心であった。政治における基本的アクターとして，国家装置，政党，利益団体などを設定し，それらアクターの政策意思決定システムに及ぼす影響力の強弱とその形態によって，エリート主義，多元主義，コーポラティズムといった代表的な政策過程モデルを設定してきた。1960年代までは，エリート主義，すなわち官僚が決定的な影響力を持ち，政策形成を行ってきたことから官僚優位論モデルが支配的であった[2]。しかし，1970年代から1980年代以降には，政党優位論が言われ始め，多元主義論の研究が盛んに行われた[3]。政策ネットワーク論は，これら多元主義論を基礎としつつ，今日では，いわゆる新制度論をより具体化させた議論を持つことから，社会中心的伝統と国家中心主義的なアプローチを垣間見ることが出来る。政策ネットワーク論は，「政策決定遂行が公私のアクターのあいだに広く配分，もしくは分散されている状況における政治的リソース動因のメカニズム」と定義できる[4]。より具体的には，政治家，官僚，利益団体間の相互依存関係が想定され，その多様性を分析することによって，政策意思決定システムが分析されるのである[5]。

　政策ネットワーク論は主に2つの議論から成り立っている[6]。まず，国家における政策意思決定システムが断片化あるいは細分化したことが挙げられる。従来の政策意思決定をリードしてきた政府の役割が，増大または多様化したことにより，公的な役割の領域が不明瞭となり，政府の政策意思決定システムの断片化がもたらされたと考えられる。政府活動の増大は，結果的に，国家という単一アクターの中央からの統制，さらに調整さえも事実上不可能にした。国家を単一アクターとして捉えるのではなく，国家を省庁レベルや局課レ

ベルに分解し，政策決定をセクター更にはサブ・セクター・レベルにまで下ろした分析が求められるようになった。本章でも，この点を重視し，農産物の貿易自由化または農政に関わる政策ネットワークの変容を，セクターレベルにまで分析対象を広げ，どのように政策意思決定の変化または現状の追認が行われたのか実証する。

次に重要な議論としては，インフォーマルな政策意思決定に向かう傾向が指摘できる。このような傾向は，現実主義的アプローチと呼ばれるものである[7]。フォーマルな法的規定からいかにして政策を決定するかという問題から離れ，今日の政策意思決定システムで実際に起こっている事象を解明することを主張する。これは，従来の制度に基づく政策意思決定システムが，現実的には，政策決定を占有していないだけでなく，ケースによっては，主要な要因にさえなっていないためである[8]。換言すると，政府という単一アクターが，排他的に統治を行うことはないということである。そのため，近年の政策意思決定システムにおいては，政府のみならず，民間や利益団体との関係の中で分析する必要がある。さらに，政策決定に関わる政治的・民主的統制は殆ど実態を伴わず，同時に公領域と私領域の境界が判然としない様相も呈しているということである。城山は，「経済財政諮問会議において外部者である民間議員がアジェンダ設定の上で大きな役割を果たした」と指摘している[9]。民間議員は公選されているわけでないが，政策意思決定システムへの関わりが高いことを考慮すると，公私の領域が判別しにくくなったのは確かである。

第2節　小泉政権時の農産物貿易自由化をめぐる政策意思決定システム

1. 小泉政権の政策意思決定システム

2000年以降の国際情勢や国内における行政・政治改革によって，農産物の貿易自由化の政策過程にも変化が生じた。中心的な役割を果たしたのが，小泉政権下での経済財政諮問会議を中心とする官邸主導体制である[10]。小泉政権前の自民党政権の法案の議題設定は，主に各省庁が担当していた。しかし，省庁再編や政府の構造改革が進んだことにより，首相を議長とする経済財政諮問

会議が，内閣全体の経済政策，財政政策，毎年の予算策定の基本方針を決定する場となった 11)。その結果，小泉政権下では，ボトム・アップ的な自民党の政策意思決定システムの重要な部分が変わり，トップ・ダウン的な内閣主導，首相主導の意思決定システムが確立した。かつては，議題設定や原案作成においては，省庁や自民党の部会によって構成される政策ネットワークの影響力が大きかった。しかし，小泉首相は，首相の意向に沿って政策アイディアを出し，かつ実際に政策立案を行う経済財政諮問会議等の政策機関を利用することができるようになった。また，経済財政諮問会議は，各省大臣が自己あるいは省庁の立場を主張しなければならない場となった 12)。政策意思決定の実質的な場が，族議員を中心とする自民党内の調整から，経済財政諮問会議に代表される内閣主導へと移ったことで，族議員の影響力は低下した 13)。また，経済財政諮問会議に所属する民間議員に，実現のハードルが高い改革を提言させて，省庁や族議員らの「抵抗勢力」を浮き彫りにし，最後は「首相指示」で決着するスタイルも確立したといえる。

2. 農産物貿易自由化をめぐる政策意思決定システム

それでは，農産物貿易自由化をめぐる政策意思決定システムにおいてどのような変化が出たのであろうか。FTA が世界の趨勢となるなか，自民党は 2003 年の衆議院総選挙の政権公約に「WTO による交渉の合意に向け積極的に貢献していくとともに，世界が FTA 締結を加速する中で，自由貿易の推進とアジア地域の安定が国益となるとの観点から，積極的に FTA を推進する」と明記した 14)。メキシコとの FTA の締結を受けて自民党関係者は，「昔は米価などの価格決定で農民を守るのが仕事だった。いまは国際ルールとの戦いに追われている」と発言している 15)。FTA の締結に対して，当初農水省の幹部は「農林族を説得しないと前に進まない」と予想していたが，農林族は，「FTA は進められる国と進めたらいい」と容認する姿勢を示した 16)。それまで保護派が占めていた自民党の農林族の中に，「絶対反対」では時流に置き去りにされかねないという判断が生まれていた。このような農林族の変化には，国際的な流れも影響していたが，より大きな要因として，小泉政権下で，官邸機能の強化，内閣府の設置など，首相がリーダーシップを発揮しやすい枠組が整ったこ

とにより，政策意思決定システムにおける政治主導が明確に打ち出されたことが考えられる。このほか，小泉首相は，構造改革を実現するために「ポピュリスト的方法」も用いた[17]。構造改革への反対者を「抵抗勢力」と呼び，「小泉対抵抗勢力」というわかりやすい対立構図を作り出し，内閣支持率を高めることに成功したといえる[18]。

農林族議員の変容を促した要因としては，以下の3つがあげられる。第1の要因は，選挙制度改革である。中選挙区制のもとで選ばれた国会議員は，選挙区の中で政策的な差別化に努め，それが族議員の形成を促してきた[19]。しかし，選挙制度改革によって導入された小選挙区制は，個人としての人物を選ぶというよりは，国会で過半数を取って政策を実現できる政党を選ぶ選挙という色彩が強い。政策中心の選挙では，マニフェストおよび政権公約が重視されるため，これまでになく幅広い有権者の支持を獲得することが課題となる。結果的に，農産物生産者や中小零細企業などに焦点を当てた政策から，一般の消費者も視野に入れた政策を打ち出す必要が生まれた。2003年の衆議院総選挙では，農水省出身でJAや農政連から強力に支持されてきた松岡利勝が小選挙区で落選し，農林族の間に，「農業団体だけの支持では勝ち抜けない」との見方を生んだ[20]。

第2に農林族議員の変容を促したのは，有力な農林族の引退である。堀之内久男，大原一三，谷洋一，江藤隆美などは，2003年の衆議院選挙に出馬せず引退した。これによって世代交代が進んだだけではなく，結果的に農林族の影響力が衰退したと考えられる。第3に，農政において消費者を重視する議員が官邸主導で起用されたことである。まず，2004年の内閣改造において，選挙区に農業従事者がほとんどいない東京選出の島村宜伸が農水大臣として起用された。島村自身も「消費者の立場からの農政」を掲げた[21]。さらに農林族でありながらFTA交渉で成果をあげたのが中川昭一農水大臣である。経済産業大臣を経て農水大臣に就任した中川は，農産物の自由化について「守るべきところは守り，譲るべきは譲る」という考えのもと，これまでの「絶対的保護」という立場から軌道修正し，農林族の反発を抑えながら積極的に交渉を推進した[22]。

官僚の政策立案プロセスも変化した。木村によると，日本で農産物の貿易自

由化を含む FTA 締結推進の主体となっていたのは，改革派中堅官僚の省庁を超えたコアリジョンであったという[23]。これまでの貿易自由化交渉では，省庁間のセクショナリズムが絶えなかったが，FTA の国内政策形成において，外務省，経済産業省，財務省，農水省の課長や課長補佐による共同行動が取られ推進のために結集している。また，農水省のスタンスにも変化が生じていた。2004年11月に，農水省が打ち出した「みどりのアジア EPA 推進戦略」は，地理的に近いアジアからの農産物輸入を食糧安全保障の一環と位置づけ，日本の技術協力や市場開放で近隣諸国の農業生産を安定させ，それが米国に四分の一を依存する日本の食糧輸入の多角化や安定化ももたらすという考え方が示されていた。それまで FTA に反発をしていた農水省が，このように農産物の自由化の論議に加わるようになったのは，国際的な流れのみならず，官邸主導の影響が大きいと考えられる。実際，有力な農林族の1人である山田俊男・元 JA 全中専務理事は，「みどりのアジア EPA 推進戦略」は経済財政諮問会議の考えを基に作成されたと述べている[24]。これらは，首相・官邸が基本方針を決め，各省庁がそれを具体化する作業をしたという証左である。

では，このような官邸主導体制による政策意思決定システムが確立されたにも関わらず，なぜコメを含む特定の農産物が自由化されなかったのであろうか。経済財政諮問会議は，内閣の方針を決定する場や省庁間抗争の激しいテーマに関する調整の場として機能するようになったが，そこには限界もあった。

第1に，経済財政諮問会議が確固とした一段上の立場を獲得していたわけではない。首相・官邸の方針・指示が明確でなく，かつ一貫していない問題については，省庁はさまざまな資源を投入して，自己の利益を追求し始めた。さらに，民間議員の民主的正当性の問題も生じていた。公選ではない民間議員が，民意をどれだけ的確に反映しているかという点を，直接にチェック・担保する仕組みは存在しなかった。第2に，官邸主導体制が確立した後も，自民党による法案の与党事前審査制度は残り，与党自民党と政府が並立する2元的な構造が続いた。例えば，農水省が内閣提出法案を国会に提出する際には，農水大臣が閣議に提出する前に，あらかじめ農林部会と農林水産物貿易調査会の了承を取り付けておかなければならなかった。ここで反対されると，いかに官邸から指示された法案であっても，国会審議をすることはできない。実際，農産物の

扱いが懸念されていた日豪経済連携協定（EPA）交渉を，安倍政権は官邸主導で進めようとしたが，農林部会で阻まれ交渉は頓挫した[25]。官邸主導体制が確立したとはいえ，政策意思決定システムにおいて与党自民党と政府がそれぞれ並立する2元的な構造が維持されたため，実質的には，法案の生殺与奪の権限は農林部会が握っていたといえる。

第3節　第2次安倍政権のTPPをめぐる政策意思決定システム

1. 第2次安倍政権の政策意思決定システム

小泉政権以降，第一次安倍晋三・福田康夫・麻生太郎へと毎年のように政権が代わり，衆参ねじれ国会の状況下で国会審議も進まず，2009年衆議院総選挙では民主党政権が誕生した。しかし，マニフェストの履行や消費増税の是非，TPPへの参加をめぐって党内対立が続き，民主党に対する国民の信頼は失墜し，2012年12月の衆議院総選挙で大惨敗を喫し，自民党政権による第2次安倍政権が誕生した。

安倍首相は就任早々，大胆な金融政策，機動的な財政政策，民間投資を喚起する成長戦略による「三本の矢」で経済再生に取り組む，いわゆる「アベノミクス」を主張した[26]。アベノミクスは大きく分けて次のように大別される。第1に，日本銀行に圧力をかけ，物価上昇率2％のインフレ数値目標を設定させた。この効果もあってか，急激な円安となり，株価も上昇した。さらに新しい日本銀行総裁・副総裁に，黒田東彦，岩田規久男という「リフレ派」を就任させ，大胆な金融緩和政策を実施させた。第2に，2012年度補正予算，2013年度予算を矢継ぎ早に編成し，公共事業費を大幅に増額した。第3に，産業競争力会議で成長戦略の検討を行い，経済財政諮問会議が策定する「経済財政運営と改革の基本方針（骨太の方針）」の実施である。この「第三の矢」において安倍政権が特に重視した政策がTPP交渉への参加であったといえる。

第二次安倍政権では，従来の自民党の政策意思決定システムの流れを踏襲し，内閣提出法案については，政務調査会部会・審議会，総務会の事前承認を得たものに限り国会に提出され，それには党議拘束がかかるという仕組みが継

続されることになった。しかし，従来の自民党政権において見られた，政府の政策決定に党が強い影響力を持つ，いわゆる「党高政低」の政策決定過程が復活したわけではなかった。麻生太郎財務大臣，谷垣禎一法務大臣，太田昭宏国土交通大臣の党首経験者3名を入閣させ，総裁選を戦った石原伸晃，林芳正を環境大臣，農水大臣で入閣させるなど党内の派閥の領袖や実力者を総動員する内閣を作った。商社出身で自由貿易推進論者の林を農水大臣に起用したことはTPPを意識したものであったと考えられる。

　一方で党三役には，自民党総裁選挙の1回目の投票で地方票を集めて1位となった石破茂を幹事長に任命したものの，その石破の意向を押し切って，政調会長に高市早苗，総務会長に野田聖子を任命した。党三役に初めて女性2人を登用することで党のイメージアップを図るとともに，無派閥で党内基盤が強くない2人を就任させることで，党に主導権を与えないためだとも見られた。もっとも2人とも党執行部の経験に乏しいため，政調会長代理に安倍の盟友の塩崎恭久，総務会長代行には二階俊博といった実力者を補佐役として置くことにした。高市政調会長は，懸案のTPPに対応するために，農林部会長には小里泰弘を，TPPに関する党内論議を進める組織として政調会に外交・経済連携調査会を設置し，会長に慎重派の衛藤征士郎前副議長を起用し，また，TPP対策委員会には有力農林族の西川公也が起用され，党内の反対論に配慮する形をとった。

　官僚機構に対しては，各省の局長級以上の幹部人事を官邸主導で決定し，人事面でにらみを効かすことで官僚の掌握を図った。官僚制を取り仕切る事務官房副長官には杉田和博元内閣危機管理監を充て，政務の首相秘書官には経産省出身の今井尚哉を充てた。また，内閣官房参与に谷内正太郎元外務次官を据えた。野田政権では財務官僚が強い影響力を持ったのに対し，安倍政権では，官邸において経産官僚の起用が増えた。

　第二次安倍政権では，経済政策の司令塔として経済財政諮問会議に加えて日本経済再生本部を新たに設置した。経済財政諮問会議が，財政金融政策というマクロ経済政策を司る一方で，企業の国際競争力向上や技術革新を後押しする成長戦略といったミクロ経済政策を司るのが，日本経済再生本部である。これは本部長が首相，閣僚すべてが構成員となっており，日本経済再生本部総合事

務局は内閣官房に置かれた。事務局には 12 省庁から職員が出向しており、次長以上を除く 46 人のうち 12 人が経産省出身者、12 人いる参事官も 3 分の 1 が経産省出身者と、経産省が最大勢力を占めた。経済財政・再生担当大臣には、第一次安倍内閣で経済産業大臣を務めた甘利明が就任した。民主党政権では、経済政策の司令塔が見当たらなかったが、安倍政権が民間人の力も借り、官邸主導の政策決定を目指したといえる。

2. TPP をめぐる政策意思決定システム

　第 2 次安倍政権下において、日本の TPP 参加は急速に進展し、2013 年 3 月 16 日、TPP 交渉に参加表明をした。菅直人首相が、2010 年 10 月に TPP 参加を検討することを表明し、日本が正式参加を成し遂げるまで 3 年を要した。その最大の理由は、農業の自由化に反対する議員の活動を中心とした国内政治事情による。それでは、第二次安倍政権において、TPP 交渉への参加表明をどのように成し遂げたのであろうか。ここでは、政策意思決定システムに焦点を当てながら考察する。

　総選挙における公約で自民党は「聖域なき関税撤廃を前提とする限り TPP 交渉参加に反対」と明記していた[27]。しかし、政権発足後の自民党と公明党の連立合意書では「国益にかなう最善の道を求める」と明記し、選挙で掲げた政権公約よりも交渉参加に前向きな表現となった[28]。農村部で TPP 反対を訴えて農業団体などの支持を得た候補者も多かったが、安倍首相は対米重視を掲げ、米国が主導する TPP へ参加すれば日米関係強化の柱になるとみていた。

　しかし、次の年には安倍首相が「決勝戦」と位置づける参院選が控えていた。自民党内には TPP に慎重な議員も多く、衆院選においても TPP 反対の「踏み絵」を踏んで、JA グループから推薦を受け当選した議員が 160 以上いた。政権復帰後、森山裕を会長とし 200 人の農林関係議員らでつくる「TPP 参加の即時撤回を求める会」が発足し、事務局長には JA 全中出身の山田俊男が就き、町村信孝元官房長官など党の重鎮も名を連ねた。「聖域なき関税撤廃を前提とする限り交渉参加に反対」と明記された公約の「聖域」の解釈を巡り、森山裕会長は「これまでの経済連携協定（EPA）で守られているものを守るのが 1 つの基準」と主張した[29]。すなわち、農産物だけで約 840 品目の

例外を得られなければ公約を満たさないということになる。

　そうしたなかで，安倍晋三首相は日本経済再生本部で，TPP の議論を加速するため，菅義偉官房長官を中心に，茂木経済産業大臣，林農水大臣，岸田外務大臣に「聖域なき関税撤廃を回避しつつ，国益の確保を大前提とした戦略的経済連携を推進するための方策を検討する」よう指示した[30]。政府は，TPP 交渉に関し，日米首脳会談に向けて米政府に関税撤廃の例外品目を認めるよう要請していく方針を固めた。安倍首相は TPP 交渉参加に関して「国益を確保できて，そして聖域なき関税撤廃ではないということになれば，参加をしていく」と明言した[31]。

　自民党内の議論も紛糾していたが，高市政調会長は，「参加を判断するのはあくまで政府だ」と強調し，調査会が作る指針は党の意思決定機関である総務会の議題にはしないことを確認した[32]。また，党内議論で「聖域なしなら反対」を強調することで，事実上はその裏返しの「聖域ありなら容認」という決着を目指したといえる。これを踏まえて，甘利経済財政・再生担当大臣や茂木経済産業大臣も，米国の通商代表部などとの会談を踏まえ，関税撤廃に例外品目が認められる可能性に言及している。最終的に，自民党の外交・経済連携調査会の衛藤征士郎会長は，衆院選で掲げた公約の 6 項目を踏襲し，自民党調査会がまとめた「聖域なき関税撤廃を前提にする限り交渉参加に反対する」という基本方針を報告した[33]。この基本方針は，例外品目の設定を条件に交渉参加に余地を残している。さらに，基本方針は，安倍首相の意向を踏まえ，あくまで「調査会」レベルにとどめ，党議決定は見送った。交渉参加の判断を首相官邸にゆだねることを意味した。

　こうした国内政策過程を踏まえて，安倍首相は，2013 年 2 月に，ワシントンでオバマ米大統領と会談し，「交渉参加に際し，一方的にすべての関税の撤廃をあらかじめ約束するよう求められるものではない」という内容を TPP に関する共同声明で明記することに成功した[34]。すなわち，自民党の反対してきた「聖域なき関税撤廃」が，交渉参加の前提条件にならないことを確認した。共同声明では TPP の前提条件となる「全ての物品が交渉の対象とされること」，すなわちコメなどを交渉対象の例外品目として認めないことを示唆していたが，その一方で，「（関税をなくすかどうか）最終的な結果は交渉の中で

決まっていく」と記し，関税撤廃の例外がありうることを認めた。また，「日本には一定の農産品」と具体的に述べたうえで「両国ともに 2 国間貿易上のセンシティビティが存在する」と言及されていた。交渉参加に慎重な農水省は日米首脳会談で米側から「センシティビティ」という言葉を引き出せるかどうかに注目していたため，農林関係議員らに説明する有力な材料となり，日本には交渉参加に向けた成果となるとみられた。

　TPP を巡り，日米首脳会談で関税撤廃の例外を設ける余地が確認されたことを受け，自民党は党内議論を本格化させた。高市政調会長は，「交渉参加の判断は政府の専権事項だ」と述べ，安倍晋三首相に一任した。また，外交・経済連携調査会の衛藤会長は，「聖域」を確認した会談結果について，「評価している」と述べている。西川委員長が主導する TPP 対策委員会では，当初，全関税品目の 1 割を関税撤廃から除外するよう明記する方針だったが「政府の手足を縛るべきでない」との判断から見送られた。TPP 対策委員会では，農林系議員が議論をまとめる側に回らざるを得なくなり，わずか 2 時間弱で決着した。結果的に，衛藤会長は，コメや麦など農林水産分野の重要 5 品目などを関税撤廃の例外とすることなどを求めた決議を首相に提出した[35]。他方で，安倍首相も，交渉参加に向けて，甘利明経済財政・再生担当大臣を TPP 担当大臣に新たに任命した内閣官房にある府省横断の専任職員を拡充するなど，官邸主導で交渉に臨む姿勢を示した。2013 年 3 月 15 日，安倍首相は，「TPP はアジア太平洋の未来の繁栄を約束する枠組みだ。米国と新しい経済圏をつくる」「日本の農と食を守ることを約束する」と述べ，参加に伴う影響が大きい農業対策に万全を期す考えを示し，正式に日本が TPP 交渉に参加することを表明した[36]。

おわりに

　55 年体制下において，農林族・農水省・JA 全中は，強力な政策ネットワークを構築し，国会とは異なる政策決定の場で中心的役割を果たした。このインフォーマルに構築された制度は，農産物貿易自由化にかかわる政策意思決定シ

ステムにおいても，大きな役割を果たしたと考えることができる。すなわち，農産物に関する強力な国際的な自由化の風潮にも関わらず，政策ネットワークと与党事前審査制度が，農産物貿易自由化の論議を困難なものにさせていた。しかし，こうした仕組みが，調整を複雑化させて政策の決定コストを高めた。問題先送りへの誘引が強いこと，政策決定に時間がかかりすぎること，大胆な政策転換が難しいなどの批判が，1990年代以降強まり，新たなる制度的な改変が求められた。

　小泉政権下において，55年体制から官邸主導体制への変化が生まれ，55年体制下では俎上に載せることが困難であった農産物の貿易自由化を，アジェンダに載せることができた。すなわち，小泉首相は，これまで聖域とされてきた農産物の貿易自由化について言及し，トップ・ダウン的に大枠を作ることに成功した。一方，農林族を中心とする政策ネットワークも，「譲るべきは譲り，守るべきは守る」という新しい形に理解を示し，一部農産物の自由化が達成された。しかし，コメのような政治的に課題の多いセンシティブ品目は，自由化することが出来なかった。官邸主導型のシステムは，55年体制からの非連続ではなく，55年体制の延長線上に築かれた新しいシステムである。官邸主導体制が敷かれたと言っても，自民党の法案の事前審査制度は変わらず，国会に法案が提出される前に，自民党農林部会で諮られるため，一定以上の農産物の自由化は絶対的な反対があり通らなかった。

　第二次安倍政権では，民主党政権で廃止に追い込まれた与党事前審査制度が復活し，党の政調部会，総務会が承認しなければ法案の国会提出が認められないこととなった。しかし，小泉政権以来の高い内閣支持率を背景に，党内の有力議員を入閣させることで強力なコア・エグゼクティブを構築し，また，閣内の取りまとめ役として菅官房長官を据え，一貫性のあるTPPに対する方向性を示すことで，農林族・農水省・JA全中を中心とする政策ネットワークの力は相対的に弱まった。TPPへの参加表明について安倍首相が日米首脳会談から帰国後，党役員会に対して一任を求めたのに対し，執行部が異議なく了承していることはその1例であろう。日米共同声明の内容は党の衆院選公約も満たし，党内の議論も「TPP絶対反対」から「交渉で何を勝ち取るか」に移り始めていた。また，農林族の重鎮である西川公也をTPP対策委員長に据え，ま

とめざるを得なくしたことも大きな要因であろう。このような首相の官邸主導による党運営によって，官邸が党に対して強い権力を持つ政高党低現象が見られることとなった。こうした内閣及び与党に対する強い自律性と統制権力を掌握することで，政府与党内の政策決定過程で主導権をとることができたといえる。

注
1) 山下一仁『農協の大罪「農政トライアングル」が招く日本の食糧不安』2009 年，宝島社新書；本間正義『現代日本農業の政策過程』2010 年，慶應義塾大学出版会；神門善久『日本の食と農—危機の本質』2006 年，NTT 出版など。
2) これらの研究については，辻清明『日本官僚制の研究』1969 年，東京大学出版などの研究が代表的である。
3) 「パターン化された多元主義」，「仕切られた多元主義」，「官僚主導大衆包括型多元主義」ないしは「三脚柱システム」といった多元主義論が中心となり，官僚，族議員，業界団体の 3 者が果たす機能が大きいことから，アリソン型の組織過程モデルないしは官僚政治モデルに類似した分析が多い。
4) 新川敏光「政策ネットワーク論の射程」『季刊行政管理研究 59 号』1999 年，14 ページ。
5) 伊藤光利「官僚主導型政策決定と自民党」『レヴァイアサン 38 号』2006 年，木鐸社，10 ページ。
6) 中野晃一「比較政治と国家機構の分析—政策ネットワーク論を中心に」『社会科学研究』2003 年，東京大学，28 ページ。
7) Grant Jordan (1990), "Policy Community Realism versus New Institutionalist Ambiguity" in *Political Studies*, vol.38, no.3; Andrew Gamble (1990), "Theories of British Politics" in *Political Studies*, Vol.38, no.3.
8) J. J. Richardson and A. G. Jordan (1979), "Governing Under Pressure: The Policy Process in a Post Parliamentary Democracy", Martin Robertson, Oxford.
9) 城山英明『内閣機能の強化と政策形成過程の変容』2006 年，ぎょうせい，69 ページ。
10) 官邸主導体制が確立され首相のリーダーシップが強化されたとする制度的変化を論じた研究として，飯尾潤『小泉内閣における官僚制の動揺』2007 年，ぎょうせい；竹中治堅『首相支配—日本政治の変貌—』2005 年，中公新書；信田智人『官邸外交』2004 年，朝日新聞社などがある。
11) 曽根泰教「衆議院選挙制度改革の評価」『選挙研究 20 号』2005 年，19-34 ページ。前掲，伊藤，2006 年，7-40 ページ。ただし各省としては，経済財政諮問会議の主張は全てそのまま受け入れなくてはならないと理解しているのではなくて，その主張が最終的に総理・官邸の方針・指示であるならば仕方がないといった消極的な対応である。
12) 前掲，伊藤，2006 年，34 ページ。
13) 同，169 ページ。諮問会議議員の吉川洋東大教授は「諮問会議が誕生したときは，はっきり言って，みんな懐疑的だった。審議会の一つみたいなものという見方だった」と述べている。
14) 自由民主党『自民党政権公約 2003』2003 年。
15) 朝日新聞，2004 年 3 月 31 日。
16) 同。
17) 内山融『小泉政権—「パトス」の首相は何を変えたのか』2007 年，中央公論新社；大嶽秀夫『日本型ポピュリズム—政治への期待と幻滅』2003 年，中央公論新社。

18) 「抵抗勢力」とは自民党の族議員と官僚組織のこととされている，内山融，2007年，8ページ。
19) 建林正彦『議員行動の政治経済学―自民党支配の制度分析』2004年，有斐閣，205ページ。
20) 朝日新聞，2004年3月31日。
21) 日本経済新聞，2004年10月3日。
22) 日本経済新聞，2006年1月21日。
23) 木村福成「東アジアFTAネットワークの含意と日本の役割」山影進編著『東アジア地域主義と日本外交』2003年，財団法人日本国際問題研究所，209ページ。
24) 山田俊男インタビュー，2009年11月13日。
25) 日豪EPAの農産物交渉を自由化の姿勢で交渉しようとした松岡農水相が農林部会に現れると，玉沢徳一郎，西川公也が中心になって猛烈な反対を示したという。このとき松岡農水相は農林部会所属の農林族議員を説得できると考えていたという。元農林水産大臣，玉沢徳一郎とのインタビュー，2008年12月24日。
26) 首相官邸『第百八十散会国会における安倍内閣総理大臣所信表明演説』平成25年1月28日。
27) 自由民主党『日本を取り戻す自民党―政策パンフレット』2012年。
28) 自由民主党・公明党『自由民主党・公明党連立政権合意』平成24年12月25日，2012年。
29) 日本経済新聞，2013年2月8日。
30) 首相官邸・日本経済再生本部『第1回産業競争力会議の議論を踏まえた当面の政策対応について』平成25年1月25日，2013年。
31) 日本経済新聞，2013年1月30日。
32) 日本経済新聞，2013年2月7日。
33) 自由民主党・政務調査会『TPP交渉参加に対する基本方針』平成25年2月13日。
34) 外務省『日米の共同声明』平成25年2月22日，2013年。
35) 自由民主党外交・経済連携本部『TPPに関する決議』平成25年3月13日，2013年。
36) 首相官邸『安倍内閣総理大臣記者会見』平成25年3月15日，2013年。

（三浦秀之）

第 4 章
外国人介護労働者受け入れ政策の新潮流

はじめに

　平成 26 年 6 月 10 日，法相の私的懇談会「出入国管理政策懇談会」は，外国人技能実習制度見直しの報告書を谷垣法相に提出した。政府は成長戦略にその提案を盛り込み，同月 24 日，「日本再興戦略」改訂 2014 を閣議決定した。外国人技能実習制度は，開発途上国の外国人を期間限定で労働者として受け入れる制度であり，学んだ技術を母国で役立ててもらう名目で 1993 年に始まった。今回の見直しでは，実習期間を成績優秀者に限るなどの条件つきで最長 5 年に延ばすことや，受け入れの人数枠も増やす方針も示された。また，現在農業や漁業，建設など 7 分野 68 職種の対象職種に「介護」を含めて 5 分野ほど追加することを検討することとなった。

　政府が外国人技能実習の年限を延長して受け入れを広げるのは，景気回復による足元の人手不足に加え，人口減少で働き手がこれからさらに減るためである。政府の試算では，現在約 6600 万人の日本の労働力人口は，2060 年には 4000 万人を割るが，単純労働者や日本への定着を前提とした移民は社会的な負担を考えて受け入れたくない。現在，外国人の技能実習生は約 15 万人だが，安部政権は，社会的な負担が大きい単純労働者や移民の受け入れには慎重な姿勢を保ちつつ，期間限定の技能実習を拡充して当面の人手不足を補う考えだといえよう。しかし，本来は日本の技術を学んでもらう「国際貢献」のはずの技能実習を人手不足対策に使うことには批判も強い。日本の技術を途上国に移すのがこの制度の本来の目的だが，低賃金の長時間労働や暴力を受けるなどのトラブルが多いとの報告がある。政府は監視強化に取り組んできたが，2012 年時点でも約 6 割の職場で何らかの法令違反があったとされている。

このように国際貢献という本来の目的と実態の食い違いが大きい制度を広げることが，抜本的な解決策になるのかとの疑問も根強く，また劣悪な労働環境などが問題となる例も多いため，受け入れ団体の監視などを担う国際研修協力機構（JITCO）については，法律に基づく方針になるなど機能強化が検討される予定である。また悪質な事例に備え，罰則の検討も盛り込まれた。

今回の見直しで追加が検討されることとなった介護分野については，介護サービスの担い手が，2025年に最大100万人不足するとの推計がある。既存の経済連携協定（EPA）に基づく介護福祉士候補者の受入れ，及び検討が進められている介護福祉士資格を取得した留学生に就労を認めることとの関係について整理し，また，日本語要件等の質の担保等のサービス業特有の観点を踏まえつつ，年内を目途に検討し結論を得るとしている。本章の目的は，今回の見直しの正しさ，とりわけ介護分野を技能実習制度に追加するべきかどうかを検討する前段階の作業を行うことにある。まずは外国人技能実習制度の特徴を概観しつつ，今回の見直しに関わる議論を整理する。その上で「介護」を技能実習の枠組みに組み込むことの是非に関わる関連団体の主張に焦点をあてたい。

第1節　外国人技能実習制度の概要[1]

外国人技能実習制度は，我が国の国際貢献活動の一環として，技能・技術・知識を開発途上国に移転するために，海外の青壮年労働者を技能実習生として受け入れる制度である。現在，技能実習1号（従来の「研修」）と技能実習2号（従来の「特定活動」）に分かれ，1号・2号の期間を合わせて最長3年間の在留が認められている。技能実習1号から2号への移行には，技能検定基礎2級相当試験に合格することが必要である。

平成21年の入管法改正以前の旧制度は，研修・技能実習制度として，入国する際は「研修」の在留資格で入国し，1年間の研修を経て技能実習へ移行し（在留資格は「特定活動」），その後最大で2年間，技能実習を行うというものであった。しかし，研修生には労働関係法令の適用がなく，実務研修中の研修

生が実質的な低賃金労働者として扱われたり，技能実習に移行後も独自の在留資格がなく，法的地位が不安定であるなど，研修生・技能実習生の保護が不十分な状態であった。こうした状況を受けて，法務省と関係省庁の間で検討が進められ，技能実習制度の見直しとして，実務研修を行う場合は原則として雇用契約に基づき技能等の修得活動を行うことを義務付け，労働基準法や最低賃金法等の労働関係法令による保護が受けられるようにするとともに，独自の在留資格がない技能実習活動について，新たに在留資格「技能実習」を創設する等の改正入管法が平成21年7月15日に公布され，平成22年7月1日に施行された。

現行制度では，在留資格「研修」については，実務作業を伴わない非実務のみの研修のほか，国，地方公共団体若しくは独立行政法人が自ら実施する研修又は国際機関等の事業として行われる研修等の公的性格が認められる研修のみが該当することとされている。一方で，在留資格「技能実習」については，技能実習1号と技能実習2号に区別されており，技能実習1号では，一定期間の講習を義務付けた上で技能等を修得する活動を行うのに対して，技能実習2号では，技能実習1号で一定の水準以上（技能検定基礎2級等）の技能等を修得した者が，当該技能等に習熟するための活動を行うものとされている。技能実習1号では，修得しようとする技能等が同一作業の反復のみによって修得できるものでない等の要件を満たす限りにおいて特段の職種の制限はないが，技能実習2号では，対象職種が技能レベルを評価するための公的試験制度が設けられている一定の職種に限られている（平成26年4月1日現在68職種）。また，団体監理型の受入れにおいて，旧制度は1年目の研修についてのみ監理団体が監理を行っていたところを，現行制度においては2年目以降の技能実習についても監理団体の責任と監理の下で行うこととしているほか，監理団体に専門的な知識を有する者による技能実習生の法的保護に必要な情報に係る講習の実施等を義務付けている。さらに，監理団体の要件として，監理団体の職員等が1月に1回以上，実習実施機関に赴き技能実習の実施状況を確認・指導することや，監理団体の役員等が3月に1回以上，監査を実施してその結果を地方入国管理局へ報告すること，相談員の設置などにより監理団体が技能実習生からの相談に対応する措置を講じていること，などが規定されている。

技能実習に関し不適正な受入れを行っている疑いのある実習実施機関や監理団体に対しては，地方入国管理局が，適宜，実地調査を実施し，不正行為と認められたものについては，「不正行為」の通知を行い，その不正行為の類型に応じて，当該機関が技能実習生を受け入れることを 5 年間，3 年間又は 1 年間停止するなど，厳正な対処を行っている。不正行為機関数は，制度改正前の平成 21 年では，452 機関であったが，平成 22 年が 163 機関，平成 23 年が 184 機関，平成 24 年が 197 機関，平成 25 年が 230 機関と制度改正前と比較して半減している。また，労働基準監督署においては，労働基準関係法令違反が疑われる実習実施機関に対して監督指導を行っている[2]。

第 2 節　第 6 次出入国管理政策懇談会・外国人受入れ制度検討分科会での制度見直しに関わる議論[3]

まず，本分科会では制度の存続自体の適否についての議論がなされている。制度目的自体に実態との乖離があり，国際貢献との趣旨ではなく，単純労働力・低賃金労働力を確保するための制度として利用されており，その結果，賃金不払等の人権侵害が生じているとの報告に関わる議論である。さらに，現行制度でうまく機能している部分を存続させることは問題ないにしても，現行制度の規制を強化することで指摘されている問題点を解決できるのか疑問であり，抜本的に見直すためには技能実習制度を廃止するなどし，これに代わる外国人労働者受入れ制度を創設すべきとの意見が出されている。

その一方で，技能等の移転を通じた開発途上国への国際協力との意義を重視するべきであり，実際にも開発途上国から技能実習生を受け入れて，一定レベルの技能等を修得して帰国するという国際貢献に寄与できていることも否定はできないとしている。技能実習制度の意義を高めるには，いかに技能等の修得・移転を行って国際貢献をするかが重要であり，制度本来の趣旨・目的に沿った成果の 1 つとして，近年では，グローバル化の中で日本企業が海外進出する際，海外の拠点の生産力向上のために，技能実習生が日本の企業で技能等を修得し，帰国後に修得した技能等を用いて現地の工場で活躍するなど，現地

の経済に貢献できている例も多いとの意見があるなど，不正団体を排除した上で必要に応じて拡充し，適切に運用していくことが重要であるとの意見があったとされている。なお，このように，制度を適正化した上で存続させるべきという意見に関しては，現行制度の問題点や改正すべき点として，次のような議論がされている。

　まず，技能等の修得・移転に関しては，3年間の技能実習修了時の技能検定の受検（3級等）は義務付けられておらず，受検率が著しく低い状況にあるが，技能等の移転のためには教育訓練効果が重要であり，技能等の評価・効果測定の体制整備・確立が非常に重要である。次に，監理団体や実習実施機関に関しては，監理団体や実習実施機関の中にも労働関係法令への意識が低いところがあり，監理団体が実習実施機関に対して適切な監理・監督ができていないのではないかとの指摘があった。また，技能等の移転が行われているかどうかの確認として，監理団体による技能実習生の帰国後の実地調査が徹底されていないのではないか，そして，適正でないとされた監理団体が，新しい団体を設立して再び制度に参入してくる場合もあるため，不正行為等のあった団体は，その後は一切，制度に関与することができないように規制を強化するべきであるとしている。ただし，その際には，一部の不適正な団体のために，多くの適正な団体までが厳しく管理されて手続も更に複雑化することは避けるべきであるともしている。

　公的機関については，主に国際研修協力機構（以下「JITCO」という。）について，法的根拠が曖昧であり，強制権限に基づかない調査・指導しか行えなず実効性に限界があるため，行政機関による調査・監督の強化を行う必要性があるのとの議論や，法改正等でJITCOの役割や権限を整備すべきであるとの意見が出された。

　分科会メンバーの間でも特に問題視されたのは，技能実習生の人権侵害である。前回制度改正により不正行為は半減したもののいまだに残業代の未払いや保証金の徴収，旅券等の強制的な保管等が生じている。更には，法務省令において「日本人が従事する場合の報酬と同等額以上」と定められているにもかかわらず，報酬も最低賃金（場合によっては下回っているケースもあり）又はこれを若干上回るにすぎない額であるのに加えて，雇用主を自由に変更するこ

ともできず，さらに相談体制が十分ではなく，技能実習生が申告しにくい状況になっているのではないかとの議論がされている。

　分科会では，このような技能実習制度の問題点を徹底的に改善した上で，制度の活用を図るべきとの意見が大勢を占めたとされている。見直しに当たっては，技能等の修得・移転といった制度本来の趣旨・目的に一致した受入れとなるよう改正し，制度本来の趣旨・目的を離れて技能実習制度を利用することは困難な制度とし，かつ，技能実習生の人権侵害が発生しないよう十分な配慮を行い，技能実習制度が単純労働・低賃金労働等で利用されているという批判を受けないような枠組みを構築することが必要であるとされた。

　一方で，この制度には次の2つの根本的問題点があり，本来の制度目的から乖離し，人権侵害や法令違反を惹起している実習実施機関については現行制度を廃止しこれに代わる新制度の導入を図るべきとの少数意見もあったとされている。まず，実態が「技術移転により開発途上国における人材育成に貢献する」という制度目的から大きく乖離し，単純労働者の受入れ手段に利用されており，「技術移転」という制度本来の目的を果たしていないということである。もう1つは，この制度の下で人権侵害，労働法令違反等の問題事例が引き起こされているが，この問題を引き起こす大きな要因は，技能実習制度が受入れ機関を特定した制度であるため，技能実習生は受入れ機関を離れれば帰国せざるを得ず，このため技能実習生は事実上受入れ機関の支配に従属する形になっていることにあるという点である。また，受入れ機関を指導監督する立場にある監理団体のチェック機能も形骸化している。今回の見直しにおいては，これらの指摘に対しても十分応えるものでなければならないことは言うまでもないとしている。

　職種の拡大については，制度趣旨を踏まえた上で，送出し国の産業発展やニーズ，日本企業の貿易・投資動向に即したニーズも把握し，単なる受入れ企業の都合のみによる職種の拡大にならないように留意しつつ，多能工化や技術の進歩を踏まえて産業実態に即した形での職種の追加を認める方向で見直しを行う必要があるが，その際には拡充する職種の特性に対応した新たな受入れ要件を設定することも含めて見直しを検討するべきであるとした。この議論の中で慎重な検討が必要であるとされたものの1つが，介護である。介護において

は特に日本語による十分なコミュニケーション能力と，生命・身体に関わる専門的な知識や技能等が不可欠であるとの趣旨の指摘があった。また，店舗運営管理等については発注や売上の管理，従業員のシフト管理等の人材を育成するニーズがあるとの指摘があった一方で，食器洗い等の単純労働につながるおそれもあり，移転すべき技能として適当なものとすべきとの指摘もあった。このため，分科会等で指摘されている職種に限らず，それぞれの職種による特性を踏まえた十分な議論が必要であるとした。なお，職種の拡充の見直しに際しては，全国一律で検討を要する職種のほか，地域ごとの産業の特色を踏まえて検討すべき特定の職種についての論点にも留意するべきであるともされた。

第 3 節　技能実習制度への介護分野追加に対する関連 2 団体の立場

　全国老人福祉施設協議会（老施協）は，技能実習への介護分野追加に賛成の立場を表明している[4]。老施協の主張において強調される基本的な認識は次のとおりである。まず，我が国の介護保険制度を持続可能なものとするために，介護人材の確保は国家的重要課題として取り組んでいかねばならない。250 万人規模の介護従事者を確保するにあたり，国内人材確保対策はもとより，EPA（経済連携協定）の枠に留まらない外国人材の更なる活用も不可欠の要素としてとらえるべきであるとしている。また，介護分野における外国人材受入れについては，介護保険制度下における一定のルールのもとで対人援助サービスを行うものであり，移民や単純労働者受入れの議論とは，まったく別建てで対応すべきであるとしている。介護従事者の賃金等の処遇改善や労働環境の整備については，介護業界全体の課題として引き続き努力すべきものと述べている。さらに，次のようにも述べている。「少子高齢化が進行する国民の生活実態は，核家族化（世帯単位の小規模化，高齢者世帯の単身・夫婦のみ），共働き生活と労働の多様化などにより家族及び地域社会の介護力が低下する一方で，長寿社会に伴い介護ニーズはますます増大する。それを支える介護労働力の確保は，労働力人口そのものが減少する状況にあって，我が国の介護保険制度の根幹を揺るがす重要な政策課題である。地域の介護ニーズに応える現場

では，国内外を問わず，多様な施策をもって介護人材の確保に当たることが極めて緊急性の高い課題として叫ばれている。同時に，我が国が長年かけて築きあげた「日本式介護」は，高度技能として，高齢化が進行するアジア諸国の豊かな高齢福祉社会づくりに寄与することは間違いない。今般，政府与党において外国人技能実習制度による介護人材受入れの検討が進められていることは，21世紀の超高齢・成熟国家日本におけるアジア人材との「共同介護」によるグローバル化を図るものであり，極めて意義深い。介護保険制度等により推進されてきた「日本の高品質介護」を後退させることのないよう，安心安全のルール・マナーのもとで，積極果敢に対応されることを期待するものである」。

　外国人介護人材受入れに関わることとしては，「社会福祉士及び介護福祉士法」に基づき取得した外国人「介護福祉士」に対する出入国管理及び難民認定法における在留資格を認めるべきことを提言している。出入国管理及び難民認定法第7条第1項第2号の基準における法務省令では，外国人の就労に関する在留要件として，医療関係14職種（医師，歯科医師，薬剤師，保健師，助産師，看護師，准看護師，歯科衛生士，診療放射線技師，理学療法士，作業療法士，視能訓練士，臨床工学技士，義肢装具士）が，その業務に日本人が従事する場合に受ける報酬と同等以上の報酬を受けて従事することの「在留資格」を認めていることがその理由である。さらに，外国人技能実習制度のなかに「介護技能実習」を創設することを求めている。現行の外国人技能実習制度のスキームを踏まえ，介護分野における新たな技能実習制度の創設を要望している。

　技能実習に関わる技能評価については，内閣府で策定された「介護キャリア段位制度」による『能力評価』の仕組みを活かし，実施上の留意すべき事項については以下のように考えている。①技能実習1号から2号への移行に必要な「一定水準の技能」の確認を介護キャリア段位レベル1（従来のホームヘルパー2級修了程度）とする。②技能実習者の事前要件として，日本語検定「N3」程度の習得水準を設ける。求められる介護技能とは，「加齢に伴って生ずる心身の変化に起因する疾病等により要介護状態となり，入浴，排せつ，食事等の介護，機能訓練，療養上の世話を要する方に対し，1人ひとりの尊厳をまもり，その有する能力に応じ自立した日常生活を営むことができるよう」，

必要なサービスを行うことであり，そのために必要なコミュニケーション言語力を想定する。③ 対象職種について，外国人介護職の安全管理に配慮し，a）訪問系介護職種，b）介護保険法上の介護職員配置基準が 10 人以下の小規模施設等，を除くものとしている。④ 技能実習 2 号による実習（就労）を 3 年間とし，その間に，「介護福祉士実務者研修」を終了した者については，介護福祉士国家試験の受験を認めるとしている。なお，介護福祉士国家試験合格者には，「介護福祉士」としての在留資格を認めることとしている。

　外国人介護人材に関わる問題点・課題としての外国（アジア諸国）に対する「介護に関わる技能移転」の必要性・ニーズについては，アジア諸国の高齢化が 21 世紀後半期に急速に進むこと，日本での介護技術習得はアジア諸国における先駆けとなり，いずれ日本からの輸出産業にもなりうること，当面，アジア諸国での介護技能は，病院等での介護として活用されるとの理由から，十分ありえるものと述べられている。

　また，外国人介護人材受入れによる日本人介護職の低賃金処遇，労働者差別への危惧については，いわゆる外国人労働者に対する差別待遇として，外国人技能実習制度全般に関して大きな社会問題となっており，これらに関わる労働管理・在留管理の指導監督体制の徹底強化をはかることが第一であるとした上で，「介護現場」は，そもそも資格要件のない職場であり，現在でも日本人同士の差別処遇は殆どみられないとしている。さらに低賃金構造について，介護産業全般の課題であり，ことさら「外国人だからとする差別待遇」は考えにくいが，『同一労働（職務）・同一賃金』の徹底厳守を図るべきとしている。受入れ機関については，日本側受入れは団体監理型で実施し，当該団体については法務省及び厚生労働省の届け出，必要最小限の規制・監督に従うものとし，監理団体は，技能実習生の事前学習指導，受入れ実施施設等の指導監督にあたり，適正な技能実習を推進することを想定している。外国からの送出しについては，当該国政府機関による認証された機関が望ましいと考えている。外国人介護技能実習に関わる間接的経費（指導援助，法的手続き，保険等）は，受入れ雇用事業者の責任において負担するものとし，当該実習生から徴収（ピンハネ）してはならない（必要な罰則規定を設ける）としている。

　EPA による外国人介護人材受入れとの関わりについては，2 国間の経済連

携協定に基づき，介護福祉士資格取得を前提に，事前の日本語学習，就業中の語学及び介護技術等の習得など受入れ施設の支援体制など優れた実践展開がなされており，人材育成型スキームとしての先駆性はいささかも減じるものではないとしている。外国人介護技能実習制度創設に際しても，地域段階での受入れ施設に対する指導・援助，外国人との共同介護確立に向け一層のリーダーシップが求められるところである。また，介護技能実習に関わる能力評価（技能認定）として導入される「キャリア段位評価」についても実施機関からの現地評価（アセッサー）の職務等をEPA受入れ施設に委ねることも考えられるとしている。

　一方，日本介護福祉士会は，介護分野における外国技能実習制度の導入には反対の立場を表明している[5]。その理由として，現在，求められている介護ニーズは身体介護のみでなく，認知症への対応，医療的ケア，予防からターミナルケアなど幅広い介護が求められており，介護には一定の教育と専門性が必要であり，単純労働ではないことが挙げられている。実際「社会福祉士及び介護福祉士法」の第2条の定義規定も，「入浴，排せつ，食事その他の介護」から，「心身の状況に応じた介護（喀痰吸引（中略）を含む。）」と近年改正されている。まず介護業務を単純労働と捉えることに無理があるとしており，同時に日本での介護人材確保対策が十分行われていない状況で，労働力確保のため単純労働として，日本語によるコミュニケーション能力や一定の介護技術がないまま外国人が介護分野に参入することは，介護サービスの質の低下を招き，国民が安心して介護を受けることも出来なくなる懸念があるとしている。　すなわち，対人援助サービスとしての介護には，十分な日本語能力とコミュニケーション技術が必要不可欠であり，もしも利用者とのコミュニケーションや他の介護職員・他の専門職とのコミュニケーションが不十分であれば，介護サービスは利用者の意向に沿ったものにならなくなる。また，安い労働力参入は現在の介護職員の賃金の低下を招き，日本人の人材不足を更に深刻化させる恐れがある。このような理由から外国人が介護職員として従事するためには，現在行われているEPA対応を必須条件とした国家試験合格を最低条件とすべきであるとしている。

　厚生労働省の統計によると，現在約116万人が介護職員として従事している

が，500万人を超える要介護高齢者を介護するために必要な人員は約130万人であり，かなり不足している。さらに2025年（平成37年）では，要介護高齢者数約700万人に対して必要な介護職員数は約220万人と予測されており，今後10年間で約100万人を増員しなければならない[6]。だからといって安易に外国人介護労働者に頼ればよいというわけではない。関連団体の主張を十分に検討した上で，技能実習制度に介護を組み込んでいくことの是非あるいはその具体的方法について今後議論していくことが望ましいものといえよう。

注
1) 厚生労働省，技能実習制度推進事業運営基本方針，2014年（http://www.mhlw.go.jp/bunya/nouryoku/gaikoku/）。
2) 総務省，行政評価局外国人の受入れ対策に関する行政評価・監視—技能実習制度等を中心として—＜結果に基づく勧告＞，2013年（http://www.soumu.go.jp/menu_news/s-news/73055.html）。
3) 法務省，出入国管理政策懇談会・外国人受入れ制度検討分科会「技能実習制度の見直しの方向性に関する検討結果（報告）」，2014年（http://www.moj.go.jp/nyuukokukanri/kouhou/nyuukokukanri07_00076.html）。
4) 全国老人福祉施設協議会，第107回 社会保障審議会介護給付費分科会提出資料，2014年（http://www.roushikyo.or.jp/contents/pr/proposal/detail/33）。
5) 介護福祉士会，介護分野における外国技能実習制度の導入に対する要望，2014年（http://www.jaccw.or.jp/home/info.php）。
6) 厚生労働省，福祉人材確保対策検討会「介護人材の確保について」，2014年（http://www.mhlw.go.jp/stf/shingi/0000047527.html）。

参考文献
稲葉敬子（2008）『どこへ行く介護難民—フィリピン人介護士にケアを受けるということ—』ペリカン社。
川村千鶴子・宣元錫編著（2007）『異文化間介護と多文化共生—誰が介護を担うのか』明石書店。
久場嬉子編著（2007）『介護・家事労働者の国際移動—エスニシティ・ジェンダー・ケア労働の交差』日本評論社。
佐藤誠（2010）『越境するケア労働』日本経済評論社。
塚田典子編（2010）『介護現場の外国人労働者』明石書店。
中村二郎・内藤久裕・神林龍・川口大司・町北朋洋（2009）『日本の外国人労働力—経済学からの検証—』日本経済新聞出版社。
西谷敏（2011）『人権としてのディーセント・ワーク』旬報社。
本多淳亮・村下博編（1998）『外国人労働者問題の展望』大阪経済法科大学出版部。
三原博光（2004）『介護の国際化』学苑社。

（岡村　裕）

第5章

メガFTA交渉妥結後の新たな政策課題
―FTAの利用促進に向けて―

はじめに

　環太平洋経済連携協定（TPP）や東アジア地域包括的経済連携（RCEP）をめぐる国内の政策論争に象徴されるように，従来日本では，「どこの国とFTAを締結すべきか」，「あるFTAにおいてどの品目を自由化すべきか」という2点については活発に議論がなされてきた。他方，1つのFTA交渉が妥結すると，メディアや国民の関心の対象は次のFTA交渉の行方へと移り，既に発効しているFTAの利用状況および利用上の問題点をめぐる議論については必ずしも十分になされていない。しかしながら，交渉の妥結それ自体が企業や消費者にFTAの経済的利益を自動的にもたらすわけではない。交渉の結果いかに野心的な自由化が達成されたとしても，FTAの恩恵（節税効果など）や利用方法をめぐる情報探索コスト，あるいは原産地規則を遵守する際に生じるコストなど，FTAの利用に伴い大きな取引コストが発生する場合，FTA利用者の裾野は広がらないであろう。FTAの経済的利益を発生させるためには，協定の使い勝手や認知度を高めることにより，より多くの企業に実際に協定を「利用」してもらう必要がある。

　日本が締結した自由貿易協定（FTA）の利用状況を確認しておくと，FTA締結相手国への輸出の際に必要となる原産地証明書（certificate of origin）の発給件数ベースでは，2009年1月に3,373件，2012年1月に9,277件，2014年1月に1万4,892件と，過去5年で4.4倍に増加している[1]。発給件数で見るかぎり，輸出面でのFTA特恵税率の活用は拡大傾向にあるといえよう[2]。他方，日本貿易振興機構が毎年実施している企業アンケートの結果によると，

FTA 締結相手国との間で貿易を行っている企業のうち，実際に FTA 特恵税率を利用している企業の割合は 2009 年（36.2%）から 2012 年（42.7%）にかけて 6.5%ポイント増加したものの，利用率向上の余地は未だ残されている（日本貿易振興機構，2013，40 頁）。この点に関連して，企業アンケート調査を行った先行研究によると，FTA の利用率向上のために企業から必要とされている情報としては，「関税率情報（63.6%）」，「FTA の基本情報（45.5%）」，「原産地証明書の申請・取得の方法（32.4%）」などが指摘されていた（国際経済交流財団，2009，96 頁）。

　日本でも，FTA に関連する各種情報は公的機関・準公的機関のウェブサイトなどを通じてすでに提供されている。しかしながら，企業向けインタビュー調査を行った別の先行研究によると，公的機関が公開している FTA 関連文書は「難易度が高く，（中略）正確な理解が難しく，年々変化する条文を追うこと」も困難であり，「FTA と実務をつなぐマニュアル作成が必要である」，との指摘がなされている（国際経済交流財団，2010，72-73 頁）。たとえば，企業の担当者が特定国に対して特定の産品を輸出する場合に課される FTA 特恵税率や原産地規則を知りたい場合，日本貿易振興機構が契約しているデータベース（WorldTariff）または協定に附属する譲許表を参照する必要がある。ただし，WorldTariff は基本的にすべて英語表記かつ登録制となっているほか，日本語の譲許表を用いて将来の関税削減スケジュールを調べる場合，譲許ステータスを示す記号（たとえば A, X, B5 など）や難解な条文を「解読」する必要性が生ずるため，いずれも利用者にとっては敷居が高い。また，一部の ASEAN 諸国のように，日本との間で複数の FTA が締結されている国も複数存在する。今後，TPP や RCEP の交渉が妥結し，協定が発効した場合，日本と特定国との間で FTA が 3 つ，あるいは 4 つ締結された状況が生ずる可能性もある。また，かつて日本とタイやメキシコとの間で生じたように，MFN 税率よりも FTA 特恵税率のほうが一時的に高くなるという「逆転現象」が再び起こる可能性もある。今後 FTA の数が増えるに従い，特恵税率の推移や原産地規則の詳細を FTA 横断的に比較し，FTA の利用に関する経営戦略上の判断を的確に下すという作業はさらに複雑化すると思われる。

　そこで本章では，日本が締結した FTA の利用率をさらに向上させる際の材

料として，諸外国における FTA 関連情報の提供方法に関する事例の整理を行う。近年，日本で提供されている情報は量・質ともに充実しつつあるが，諸外国の事例（ベスト・プラクティス）を改めて整理しておくことには2つの意義が伴うと考えるためである。第1に，諸外国の事例の把握を通じ，日本でもさらに使い勝手の良い情報提供が実現すれば，それは企業の情報収集コストやその他取引コストの低下，ひいては貿易円滑化や輸出競争力の向上につながる。第2に，より長期的には，良質な情報提供を通じて FTA 利用者が増え，FTA の恩恵を享受する「受益者」の数が増えるならば，地域経済統合や貿易自由化といった政策に対する国内の政治的な支持の拡大につながる可能性もある。

なお，企業のなかには，「自社の貿易品目が FTA で自由化の例外扱いにされている」ため，あるいは「原産地規則が満たせない」ために FTA を利用できない企業が存在することも事実である。これら問題を改善するためには，情報提供のあり方ではなく，市場アクセスや原産地規則の更なる改善という手段が必要となるが，これらの問題は本稿の射程外とする[3]。

本章の構成は以下のとおりである。つづく第2節では，本章で焦点をあてる FTA 関連情報の範囲を示すために，各国公的機関により提供されている FTA 関連情報の「訴求対象」および「意義・目的」の類型化を試みる。第3節ではアメリカ，シンガポール，EU，オーストラリア，ニュージーランドの公的機関が提供する FTA 関連情報のなかでも，先進的な事例の紹介を行う。第4節では，日本で提供されている FTA 関連情報の質をさらに高めるための若干の提言を行う。

第1節　FTA 関連情報の訴求対象および意義の類型化

本節では，第3節以降の分析上の便宜のために，各国の公的機関・準公的機関（以下「公的機関」）が提供している FTA 関連情報の「訴求対象」および情報提供の「意義・目的」という2つの切り口から類型化を行っておく[4]。

1. FTA 関連情報の訴求対象

公的機関が FTA 関連の情報を発信する際の訴求対象（ターゲット）として

は，以下の5つの集団が想定される。

　第1に，FTAの「利用者」である。本章では，分析上の便宜のために，FTAを利用した実績のある企業に加えて，まだ実績はないが経営判断としてすでにFTAの利用を決定した企業も「利用者」として扱う。利用者の国籍としては，自国籍の企業のみならず外国籍企業も，企業規模としては大企業のみならず中小企業も含まれる。

　第2に，FTAの「潜在的利用者」が挙げられる。何らかの理由により未だFTAを活用できていないものの，FTAを活用することで，将来事業上の利益を享受し得る集団である。利用者と同様，潜在的利用者についても企業の国籍，規模は多様である。

　第3に，「特定利益団体」が挙げられる。本稿では特定利益団体を，FTAの締結が自らの事業，生活，または自らが重視する価値観[5]に「無視できない影響」を及ぼすと強く認識している，組織化された集団と定義する。具体的には，特定国とのFTA締結に賛成または反対（懸念）を表明している産業，職能，地域の団体，その他市民団体などが含まれる。彼らは情報を収集するのみならず，自ら発信も行い，世論やFTA関連政策の方向性に影響を与えようと試みる場合もある。

　第4に，上記いずれにも該当しない無数の「有権者一般」が挙げられる。多くの有権者はFTA関連政策について「強い」関心，意見，深い知識をもっていないが，特定のFTAが自分達の生活や地域に与える影響につき，一定の関心や漠然とした懸念を抱く場合もある。

　最後に，研究者および専門家（法律家や貿易実務家など）が挙げられる。彼らはFTAに関連する法令，統計，外交文書などを収集し，研究その他業務のために活用する。

2. 意義・目的別の類型化

　公的機関がFTA関連情報を公開する背景には，政策的な意義や目的（意図）が存在していると考えられる。以下では，分析上の便宜のために，公的機関がFTA関連情報を提供する「意義」についても類型化を行っておく。なお，情報提供の「意義」と「訴求対象」の関係性は表5-1に整理している。

(1) FTAの利用促進・円滑化

公的機関がFTA関連情報を提供することの第1の意義は，本稿で焦点をあてている「FTAの利用促進・円滑化」である。前述のとおり，FTAの利用促進・円滑化は，企業の貿易円滑化や輸出競争力の向上，および長期的にはFTA政策をめぐる国内の支持者拡大につながる可能性がある。他方で，例えFTAが発効したとしても，自社の文脈においてそれが経営戦略上有効な武器になり得ることを潜在的利用者が認知していない場合，または潜在的利用者が必要とする情報へのアクセシビリティが低い場合，当該潜在的利用者がFTAを利用することはないであろう。利用率を高めるためには，提供される情報の有用性のみならず，媒体，アクセシビリティ，文章や専門用語の理解可能性，ウェブサイトの使い勝手やレイアウトなど，細部にわたる配慮が必要となる。訴求対象は利用者および潜在的利用者であるため，必要とされる情報はFTA一般に関する抽象的な情報よりも個別協定の具体的な活用方法・事例に関するウェイトが高いであろう。FTAの利用促進・円滑化に資する情報については，第3節において諸外国の事例を詳細に紹介する。

(2) FTA政策への理解・支持の拡大

情報提供の第2の意義としては，「FTA政策に対する理解・支持の拡大」が挙げられるが，これを実現するために，主として以下の3つの方法が採用されている。

第1に，個別FTA交渉の進捗状況，成果，およびFTA発効後のセンシティブ品目の輸入動向，センシティブ産業に対する国内対策（救済措置）等に関する政策情報を機動的に提供するという方法である。これら最新情報について政府が十分な説明責任を果たさない場合，FTAの副作用を懸念する集団の政治的反発を高めるリスク，各種の憶測やデマを誘発するリスク，あるいは有権者一般の不信感を高めるリスクが生ずる。したがって，これら情報を機動的に提供することは，FTA政策に対する政治的支持を拡大させる（低下させない）うえで戦略的に極めて重要な手段となる。たとえば欧州連合（EU）の貿易総局では，米国との間の環大西洋貿易投資パートナーシップ（TTIP）交渉の進捗状況をツイッターで配信するサービスを行い，機動的な情報提供に努めている[6]。また米国の商務省国際貿易局（ITA）のサイトでは，韓米FTAの

発効が全米各州における雇用や輸出にどのような恩恵をもたらすのか，詳細な分析結果（States Opportunities under KORUS）を州毎に掲載し，特定地域で不安が蔓延しないよう努めている[7]。

第2に，すでに蔓延してしまったFTA関連の懸念や不安を緩和するために必要な情報やメッセージを発信する，という方法である。とりわけ食の安全性，食料自給率，地域コミュニティ，公的医療保険制度など，自分自身との関連性をイメージしやすい身近なトピックについては，憶測やデマであっても有権者が敏感に反応し，不安や懸念を抱くこともある[8]。そうした事態に陥った場合は，適切な媒体・表現方法を通じ，一貫したメッセージと正しい情報を発信し続け，憶測やデマに基づく不安や懸念を緩和・除去する必要がある。たとえばオーストラリア外務貿易省では，TPP交渉のサイトの中にISDS条項や知的財産権および公衆衛生関連の専用のページを作成し，Q&A形式で国民の誤解や不安を解消することを目指している[9]。

第3に，有権者一般に対してFTAに関する一般的な国益について広く啓蒙するという方法が挙げられる。日本においても，FTA締結に伴う外交上，安全保障上，マクロ経済上の利益に関する情報が数多く発信されている。しかしながら，有権者が日々の生活のなかで抽象的な国益を実感する機会・程度は極

表5-1　FTA関連情報の類型化

意義	訴求対象					情報の範囲	
	利用者	潜在的利用者	特定利益団体	有権者一般	研究者・専門家	一般的・横断的	個別協定
ア）FTAの利用促進・円滑化	◎	◎				○	◎
イ）FTA政策に対する理解・支持の拡大							
1）個別FTA交渉の進捗・結果・国内対応に関する説明責任・透明性向上			◎	○	○		◎
2）FTA関連の各種誤解・デマへの事後対応			○	◎	○	◎	◎
3）FTA政策の意義に関する一般的啓蒙				◎	○	○	
ウ）FTA関連研究の促進					◎	◎	◎

（出所）　筆者作成。網掛けされた部分は次節で取り扱うFTA関連情報の範囲を示す。

めて限られていることから，実際にこうした啓蒙を効果的に行うことは決して容易ではない[10]。こうしたなか，FTAおよび貿易政策の恩恵を有権者一般に対して直感的に伝えるためにアニメ等を用いたPR動画を作成し，Youtubeなどを通じて配信する試みを行っている国や地域も存在している[11]。

(3) FTA関連研究の促進

情報提供の第3の意義として，FTAに関連する統計や外交資料など1次情報を公表することで，研究者による学術研究または啓蒙活動，その他専門家（法律家や貿易実務家など）によるFTA関連支援ビジネスや啓蒙活動などが活性化することが挙げられる。こうした活動の活性化は，間接的にFTAの利用率向上やFTA政策をめぐる支持拡大をもたらす可能性もある。

第2節　諸外国における情報提供の事例

前節では，FTA関連情報の訴求対象および意義について類型化を行った。本節では，「FTAの利用促進・円滑化」を目的として，海外の公的機関が「利用者」または「潜在的利用者」に対して発信している情報の種類や発信方法の事例を紹介する。

1. 個別企業の成功事例・体験談の紹介

他社がどのようにFTAを活用し，どのような恩恵を享受したのかという成功事例や体験談は，FTAの利用実績がない企業にとって有益な情報となり得る。成功事例を紹介するという取り組みとしては，シンガポール国際企業庁（International Enterprise Singapore）によるものが挙げられる。同庁の「Success Stories」というページでは，個別のFTAごとに，企業によるFTA活用成功事例が社名付きで掲載されているほか，関連する新聞記事へのリンクも貼られている[12]。米国においても，たとえば韓米FTAに関する産業別のビジネスチャンス報告書（Industry Opportunity Reports）が公開されており，そこでは特定産業の特定企業が同FTAに対して抱いている期待やその理由の紹介が行われている[13]。その他の興味深い取組みとして，ニュージーラ

ンド外務貿易省の「Real story」というページでは，特定のFTAパートナーとの間でビジネスを行う際の一般的な留意事項，自社が遭遇した問題点，解決方法等について企業が社名付きで投稿，情報共有するための場が提供されている[14]。

2. 個別FTAに関する利用検討・活用手順マニュアル

シンガポール国際企業庁では，個別のFTAごとに，極めて簡潔に整理されたFTAの利用マニュアル（Step-by-step guide to use Singapore's FTAs）が配布されている。同マニュアルでは，ある企業が特定国向けの輸出においてFTAを利用すべきか否かを判断するために必要な意思決定の手順（フローチャート），各手順で必要となる情報や書類の入手先がコンパクトに掲載されている。日本でも経済産業省がFTA活用手順マニュアル（入門ガイド）を公開したほか[15]，日本貿易振興機構も各国別の利用手順マニュアルを提供している。前者はレイアウトも文章表現も非常にわかりやすく，利用者目線に立って作成された資料となっているが，後者については情報の探しやすさ，文章表現，分量の適正などの観点から若干の改良の余地があると思われる[16]。

3. 商品分類番号（HSコード）の検索システム

FTAの利用を検討する企業が直面する第1の難関は，貿易を行っている（あるいは行う可能性のある）産品のHSコードを特定するという作業である。HSコードを特定できない限り，特定国との間で特定産品の貿易を行う際に適用されるFTA特恵税率を特定することは出来ない。したがって，HSコードの特定は，FTA利用について検討を行う企業にとって出発点となる作業工程である。他方，貿易実務に関する豊富な知識と経験を持たない企業担当者にとっては，数千種類あるHSコードの中から該当するコードを正確に探し当てることは決して容易ではない。

こうした企業の情報探索の手間を最小化するために，いくつかの国では，商品のキーワードを入力することで関連商品のHSコードを容易に検索できるサーチ・エンジンを提供している。たとえば，米国では商務省国勢調査局の「Schedule B Search Engine[17]」というサイトで，シンガポールでは国際企

業庁の「Tariff Calculator[18]」というサイトで，ニュージーランドの外務貿易省では「Tariff finder[19]」というサイトで同機能が提供されており，事前登録なども必要なしに，利用者はHSコードを気軽に特定することが可能となっている。前述の経済産業省のFTA活用手順マニュアルによると，日本では企業が「輸出統計品目表」または「実行関税率表」を用いてHSコードを調べることが推奨されているが，WEB上でキーワードからHSコードを検索可能なシステムを導入することで，企業担当者の情報収集の労力はさらに削減する余地があると思われる。

4. FTA特恵税率検索システム

FTAの利用を検討する企業が直面する第2の難関は，FTA特恵税率を正確に調べるという作業である。日本でも，前述のWorldTariff（英語版・登録制）のサイトを用いれば，特定相手国に特定品目を輸出する場合のMFN税率およびFTA別・年別の特恵税率を検索することが可能となっている（ただし日本語のシステムは存在しない）。

他方，企業の経営判断の観点から最も重要な情報は，品目別のFTA特恵税率そのものではなく，「どのFTAを利用すれば，いつの時点で，現状との比較でいくら節税できるのか」という情報であろう。現状では，この全ての条件を満たすような情報を提供している国はないが，シンガポール国際企業庁の前述の「Tariff Calculator」というサイトでは，HSコード，貿易相手国，貿易金額を入力すると，実現可能な節税額がFTA別に表示されるシステムが導入されている。現状の唯一の難点は，将来の関税削減スケジュールを踏まえた，任意の年における節税額の計算には対応していないという点である。しかしながら，FTAの潜在的な利用者に対して利用インセンティブを与える手段としては，非常に直感的かつ効果的であろう。

5. 原産地規則検索システム

FTAの利用を検討する企業が直面する第3の難関は，FTA特恵税率を享受するために満たすべき原産地規則の詳細情報を把握するという作業である。とりわけ特定国との間で利用可能なFTAが複数存在する場合，利用すべき最適

なFTAを特定するためには，FTA特恵税率の横断的な比較に加えて，原産地規則もFTA横断的に確認・比較しておく必要がある。その意味において，特定の国・特定品目に関する原産地規則の情報は，特恵税率に関連する情報とセットで提供・表示されることが望ましい。米国商務省の「Tariff Search[20]」，シンガポールの「Tariff Calculator」，およびNZの「Tariff Finder」は，特恵税率の検索画面で当該HS番号に関連する原産地規則の種類も同時に表示される仕組みとなっており，FTA横断的に税率と原産地規則の種類を同時に確認できる。また米国の同サイトでは，検索結果画面から協定のオリジナル・テキストの関連箇所へのリンクも貼られており，詳細な注書きを読みたいユーザーへの配慮もなされている。

　日本では，日本語でFTA別・HSコード別に原産地規則を検索できるシステムは未だ導入されていないが，英語の情報は前述のWorldTariffを通じて入手可能である。ただし，特恵税率の検索結果のページと原産地規則の情報のページが別画面で表示される仕様となっている。利用可能な複数のFTAの間で特恵税率（または節税額）と原産地規則を同時に比較できるような仕様への変更が望まれる。

6. 原産地規則に関する利用者向けガイド

　たとえ特定国向けの輸出時に適用される原産地規則の種類が特定できたとしても，原産地規則の中身について企業担当者が正しく理解できるとは限らない。原産地規則については難解な専門用語も多数登場することから，FTAの利用率を向上させるにあたり，利用者目線で書かれた良質な原産地規則マニュアルの作成と提供は不可避な要素となる。また，本節2.で述べた「利用手順マニュアル」と同様，企業担当者の情報収集コストを削減するためにも，FTA横断的なマニュアルのみならず，FTA毎の原産地規則マニュアルも作成されるべきである。そして内容，表現方法，レイアウトなどは全て，利用者目線に立ったものでなければならない。例えば米国商務省はFTA毎に原産地規則の利用者向けガイドを公開しており，原産地規則の読み方，種類，計算方法に関する事例集，その他の例外事項などがシンプルにまとめられている[21]。

　日本では，原産地規則に関連するマニュアルの提供主体が経済産業省，日本

商工会議所，日本貿易振興機構と分散しているほか，各組織が提供する情報の内容，表現方法，分量，レイアウトなどについては，利用者の目線から更に改良の余地があると思われる。例えば日本商工会議所では，FTA共通のマニュアル[22]に加えて，個別FTAの原産地規則のページが設けられている。共通マニュアルの中では，個別のFTA固有の情報が随所に混在しているため，特定国とのFTAに関連する情報のみに関心を持つ企業にとっては不要な情報が多く含まれてしまっている。また個別FTAの原産地規則のページについては，「特定原産地証明書取得のためには協定をよくお読み下さい」という指示と協定本文や附属書へのリンクが貼られており，ユーザーの理解促進・負担軽減の観点から改善の余地は大きい。

7. FTAアドバイザーの指名・紹介制度

シンガポール国際企業庁では2007年以降，FTAの利用に際して専門的なアドバイスを必要とする企業向けに，同庁職員によるアドバイスを補完する民間FTAアドバイザーの指名・紹介制度を導入している[23]。彼らは単にFTAに関連する一般的な質問に回答するというよりは，経営戦略の手段として企業がFTAを効果的に活用するための具体的な方法について高度なアドバイスを与えられる専門家である。現在登録されているアドバイザーは9名であり，ウェブサイトでは，各アドバイザーの実名，専門領域（物品貿易，原産地規則，相互承認協定，知的財産権問題など）と所属機関（弁護士事務所やコンサルティング・ファーム等）などが公開されている。

第3節　結　語

本章では，日本が締結したFTAの利用率をさらに向上させる際の材料として，諸外国におけるFTA関連情報の提供方法に関する事例紹介を行った。他国と比較しても，日本の公的機関が提供する情報の「量」は決して引け劣るものではない。しかしながら，FTAの利用率向上を更に追求するにあたっては，情報の量よりも質が重要であると思われる。「質」の高い情報とは，とりわけ

FTAの「潜在的利用者」の目線に立ち，彼らが直面する「情報探索コストの最小化」と「円滑な経営判断の支援」を可能にするような内容・形式の情報である。したがって情報の量的な拡大ではなく，むしろ情報を取捨選択し，かつ利用者目線に立った表現方法，分量，レイアウト，デザインで提供することの方が重要であろう。内容面では，同業他社や中小企業によるFTA活用事例の紹介，個別FTAの利用マニュアルの策定，HSコード検索システムの導入，日本語によるFTA特恵税率および原産地規則の検索システムの導入，FTA利用時の節税額表示システムの導入などが求められる。また日本ではFTA関連情報が内閣官房，経済産業省，外務省，財務省（税関），農林水産省，日本貿易振興機構，日本商工会議所など，数多くの組織から発信されており，諸外国と比較しても情報が拡散しているように思われる。通商政策またはFTAのポータルサイトを作成し，これを一元的に管理し，重複した情報を整理統合することも検討に値しよう。

注
1) 経済産業省「日本における原産地証明書の発給件数推移」。(available at: http://www.meti.go.jp/policy/trade_policy/epa/file/co_issuance.pdf)
2) この間に日本が締結したFTAの「数」自体が増加したことも事実である。しかしながら，1FTAあたりの平均発給件数の推移でとらえた場合でも，2009年1月時点で421.6件，2012年1月には843.4件，2014年1月には1241件と，同期間中に約3倍に増加している。
3) くわえて，貿易品目のMFN実行税率がすでに無税である場合，輸出加工区などにおいて関税の減免や還付が行われている場合にはFTAを利用する必要性がないことに留意する必要がある。
4) FTA関連情報を提供している日本の公的機関としては，たとえば，内閣官房，外務省，経済産業省，財務省（および税関），農林水産省など中央省庁に加えて，地方自治体，および独立行政法人（日本貿易振興機構など）などがあげられる。一方の準公的機関とは，たとえば，日本政府により原産地証明書発給事業の指定発給機関となっている日本商工会議所などがあげられる。
5) 例えば食の安全性，食料自給率，あるいは地域のコミュニティなど。
6) 欧州連合貿易総局ウェブサイト (http://ec.europa.eu/trade/policy/in-focus/ttip/)。
7) 米国商務省国際貿易局ウェブサイト (http://trade.gov/fta/korea/)。
8) 例えばTPPに関する世論調査においても，TPP反対派の有権者の60％が「食の安全・安心に対する懸念」という理由を反対理由として選択している（日本経済新聞，2013年3月25日朝刊，2面）。
9) オーストラリア外務貿易省ウェブサイト (http://www.dfat.gov.au/fta/tpp/)。日本のTPP政府対策本部のウェブサイトにおいても，同様にQ&Aのページが設けられている (http://www.cas.go.jp/jp/tpp/q&a.html)。
10) また「有権者」といっても，年齢・性別・その他の個人属性に応じて，心の琴線に触れる情報の内容，表現方法，情報を入手する媒体が異なっている可能性があるという点にも留意する必要がある。

11) たとえばカナダ外務国際貿易省が作成したEUとのFTAに関するPRビデオ（http://www.actionplan.gc.ca/en/content/ceta-aecg/video-vault）あるいは欧州連合貿易総局が作成した貿易政策一般に関するPRビデオ（https://www.youtube.com/watch?v=IiOC5XG2I5Y）が挙げられる。
12) シンガポール国際企業庁ウェブサイト（http://www.fta.gov.sg/sucess_main.asp）。
13) 米国商務省国際貿易局ウェブサイト（http://trade.gov/fta/korea/）。
14) ニュージーランド外務貿易省ウェブサイト（http://www.chinafta.govt.nz）。
15) 経済産業省「入門ガイド「貿易のコスト削減！〜トクするEPA活用方法〜（日本語）」」（http://www.meti.go.jp/policy/trade_policy/epa/pdf/common/pamphlet_japanese.pdf）。
16) 日本貿易振興機構ウェブサイト（たとえば日本フィリピンEPAに関するマニュアルはhttp://www.jetro.go.jp/world/asia/ph/jpepa/pdf/jpepa-all.pdf）。
17) 米国商務省国勢調査局ウェブサイト（https://uscensus.prod.3ceonline.com）。
18) シンガポール国際企業庁ウェブサイト（http://www.fta.gov.sg/calculator/tariff-calculator-step1.aspx）。
19) ニュージーランド外務貿易省（http://www.chinafta.govt.nz/2-For-businesses/2-Tools-and-resources/3-Tariff-finder/index.php）。
20) 米国商務省国際貿易局ウェブサイト（http://export.gov/FTA/ftatarifftool/TariffSearch.aspx）。
21) 例えば米豪FTAの原産地規則のガイドは以下のウェブサイト（http://export.gov/FTA/australia/eg_main_017532.asp）。
22) 日本商工会議所ウェブサイト（http://www.jcci.or.jp/gensanchi/epa_manual.html）。
23) シンガポール国際企業庁ウェブサイト（http://www.fta.gov.sg/fta_adv.asp）。

参考文献

財団法人国際経済交流財団（2009）「我が国が締結したEPAの効果と課題に関する調査研究報告書」（委託先：株式会社野村総合研究所）」財団法人国際経済交流財団。

財団法人国際経済交流財団（2010）「我が国が締結したEPA利用の状況，効果，課題に関する調査研究報告書」（委託先：株式会社野村総合研究所）財団法人国際経済交流財団。

独立行政法人日本貿易振興機構（ジェトロ）（2013）『2012年度日本企業の海外事業展開に関するアンケート調査〜ジェトロ海外ビジネス調査〜』日本貿易振興機構海外調査部国際経済研究課。

（久野　新）

第2部
国際紛争とグローバル・ガバナンス

第 6 章
国際システムそのものを俯瞰する

はじめに—「国際システム」か「グローバル・ガヴァナンス」か？

　近代以降の主権国家の間の関係が「国際関係」である。安全保障の分野に注目し，主権国家間の"対立"の側面を強調すれば，「国際政治」と呼ばれる。他方で，理論的にできるだけ価値中立であろうとすれば，「国際システム」となる。その国際システムを構成する原理的なユニットは主権国家のみである，と見なされる。システム原理は，「主権国家よりもより上位の権威，すなわち世界政府がない」という意味で「無政府状態（アナーキー）」とされる[1]。ネオリアリズムのケネス・ウォルツは，多極の国際システムよりも双極の国際システムの方が相対的により安定的である，と論じた[2]。概して，1648年ウェストファリア講和会議以降の近代はじめの多極の国際システムは，「西欧国家体系」と呼ばれる。20世紀半ばの第二次世界大戦後は，「米ソ冷戦」の時代であり，国際システムは双極であった。

　これに対して，覇権安定理論のロバート・ギルピンは，軍事力など安全保障の分野に限定せず，経済力の側面を相対的により強調した議論を展開した。経済力や軍事力，外交力や資源をコントロールする力など，あらゆる次元で圧倒的なパワーを有する覇権国（ヘゲモン）が存在すれば，世界経済を安定させるための国際公共財が提供され，国際システムの安定が実現する。しかし，覇権国のパワーは時間の経過とともに，相対的により低下し，他の大国の挑戦を受け，覇権戦争へと至る。またそのサイクルは，ほぼ100年ぐらいである，と想定された[3]。16世紀は，スペインないしポルトガルの覇権（ヘゲモニー）の時代とされ，17世紀はオランダ，18世紀と19世紀はイギリス，20世紀はアメリカによる覇権秩序という見方である。近代以降，単極の国際システムが繰り返されて

きたという視角である。20世紀の後半には，世界経済におけるアメリカ経済の相対的な低下を受けて，「覇権後」の国際秩序が活発に議論された[4]。

21世紀の国際システムは，いかなる国際秩序となるのであろうか——。

冷戦の終結後，21世紀に向けた国際秩序観として，「グローバル・ガヴァナンス」という概念が生まれた。「国際（＝国家間）」という修飾語を使わず，あえて「グローバル」という言葉を使うところから，主権国家に秩序の担い手を限定しない意味合いを汲み取ることができる。たとえば，国際連合（国連）の役割を相対的により重視し，市民社会のレベルの役割も相対的により強調する。現実の国際システムを分析する概念というよりも，規範的な意味合いが込められた秩序概念であると言えよう。「ガヴァナンス」という概念は，明らかに経営学の「コーポレート・ガヴァナンス」の議論からヒントを得ている（国内政治のレベルでは，「グッド・ガヴァナンス（良い統治）」という概念が使用される）。国際関係の文脈では，「ガヴァナンス（統治）」は，「ガヴァメント（政府）」と言うほど組織化されていないが，一定の秩序が成り立っているというニュアンスが入り込んでくることになる[5]。

第1節　国際レベルの「変化」をいかに捉えるか
——ギルピンによる「変化」の3類型

国際レベルの変化には，覇権安定理論のギルピンによれば，3つのレベルがあるという[6]。

第1に，国際システムそのものの変化である。国際システムを構成するユニットそのものが変化するような原理的な変化である。こうした変化は，ヨーロッパ地域の国際システムで考えれば，古代のローマ帝国による帝国秩序から，中世の時代の西ヨーロッパ地域の「キリスト教共同体」（と東ヨーロッパ地域のビザンティン帝国による帝国秩序との混合）を経て，近代以降の主権国家システムへという変化として捉えることができる。こうして，「古代から中世へ」「中世から近代へ」という形で，国際システムそのものの変化は，歴史的にまだわずか2度しか起こっていない。「国際システム」を言葉通り，「主権

国家間のシステム」と厳密に捉えれば,「国際システム」とは,近代以降の主権国家システムだけを指すことになる。国際関係理論が,主に近代以降の国際システムを分析してきたのはそのためである。近代以前の中世の「キリスト教共同体」や,古代のローマ帝国による帝国秩序などは,分析の対象外とされる。他方で,古代ギリシャの都市国家間の権力闘争を描いたツキディディスの『ペロポネソス戦争』は,近代や現代にも通じる国家間の原理的な対立を描いた古典とされる[7]。

　ギルピンが最も注目した第2の国際レベルの変化は,国際システム上の変化である。ギルピンによれば,100年ごとの覇権国の交替のサイクルである。近代以降の国際システムは,単極の国際システムが繰り返されてきた,という見方である。これに対して,ネオリアリズムのウォルツによれば,近代以降の国際システムは,270年間あまりの多極の時代から,第二次世界大戦後の双極の国際システムへと大きく移行した,と論じられた。ウォルツの議論は,なぜ多極から双極の国際システムへと変化したのかを説明することは,理論的に苦手である。あくまでも,双極の国際システムの方が多極の国際システムよりも相対的により安定的であることを論じた。ハンス・モーゲンソーやヘンリー・キッシンジャーのような古典的なリアリズムは,多極の国際システムの方が柔軟な同盟関係の組み替えが可能なことからより安定的であると論じていたが[8],ネオリアリズムのウォルツは,誤解が生じにくいなどの理由から（戦争の多くは誤解から生じた),双極の国際システムの方がより安定的である,と結論づけた（双極安定論)[9]。第二次世界大戦後は,核兵器の存在も「システム上のエフェクト」を持ったとされ,国際システムの安定に貢献した,と論じられた[10]。歴史家のジョン・L・ギャディスも,「長い平和」の要因の1つとして,核兵器の存在を指摘した[11]。冷戦後の国際システムは,近代はじめの多極の国際システムへ「バック・トゥ・ザ・フューチャー」し,「相対的により不安定になる」と論じたネオリアリズムのジョン・ミヤシャイマーの議論も,ウォルツの議論とほぼ同じ論理展開であった（より明快であった)[12]。

　ギルピンが注目した第3の国際レベルの変化は,国際システムを構成するユニット間の相互作用である。たとえば,具体的には,国家間の同盟関係の組み替えや,日常的な相互作用のすべてを指す。国際システム上の「力の分布」に

変化がないレベルでの変化である。ギルピンはこうした比較的により日常的な変化よりも，国際システム上の変化，すなわち覇権国のサイクル的な変化により注目したのである。もちろん，国際システムそのものの変化の方がよりダイナミックで，より重要である。しかし，繰り返しになるが，国際システムそのものの変化は，歴史的にまだ2回しか起こっていない。ギルピンとしては，覇権国の交替に注目したのである。国際システム上の「力の分布」の変化を論じる上で，ギルピンは，ウォルツよりもよりダイナミックな議論を展開した。他方で，ウォルツは，ギルピンよりもモデルはより静的であったが，より少ない変数で（「パーシモニアス」という），国際システムの安定性をできるだけシンプルに（美しく）議論したのである。

21世紀のこれから，国際システム上の変化がいかに生じていくのか（たとえば，多極化するのか），あるいは，国際システムそのものが変化して，「近代」の時代が終わるのか（「ポスト・モダン」へ），をめぐってはさまざまな議論がある。以下，本章では，国際システムそのもの変化を含めて，歴史的に大きく議論を展開してみたい。「国際システムそのものを俯瞰する」という作業である。

第2節　古代のローマ帝国から中世の「キリスト教共同体」へ

古代のローマ帝国は，紀元前509年から共和政をとり，紀元前27年から帝政の時代を迎えた。紀元前2世紀には，地中海世界をほぼ支配化に治め，紀元後の2世紀には領土が最大となった。ローマ帝国の勢力は，北はイギリス，東は中東地域，南は北アフリカ，西はイベリア半島まで及んだ。当時のヨーロッパ地域にとっては，ローマ帝国の勢力範囲がまさに"世界"であった。それを超えた地域との交流は，ほとんどなかった。375年ゲルマン民族の大移動を受けて，ローマ帝国はやがて東西に分裂し，476年には，西ローマ帝国が崩壊してしまう。これは，古代の時代の終わりを象徴していた。ただし，東ヨーロッパ地域には，東ローマ帝国，いわゆるビザンティン帝国が残るのである[13]。

中世の時代，東ヨーロッパ地域にビザンティン帝国が残存していたおかげで，中東地域のイスラム勢力は，バルカン半島の辺りでヨーロッパ地域への膨

張を食い止められることになる。こうして，ビザンティン帝国は，"防波堤"の役割を担ったのである[14]。しかし，イスラム勢力は，北アフリカをイスラム化し，ヨーロッパ地域には，イベリア半島を経て，フランスに迫る勢いであった。フランスとスペインの間のピレネー山脈で，かろうじてイスラム勢力の膨張は食い止められることになる（その後，スペインとポルトガルでは，「レコンキスタ（国土回復運動）」が次第に勢いを増す）。

　中世の時代，西ヨーロッパ地域は，「キリスト教共同体」と呼びうる複雑な国際システムが継続することになる。476年の西ローマ帝国の崩壊から，800年のフランク王国のカール大帝の帝冠までを，古代から中世への移行期と大雑把に捉えておこう。800年から17世紀半ばまでは，900年近くにわたり，中世の時代を迎えることになる。西ヨーロッパ地域の中世の国際システムは，きわめて複雑である。近代以降のフランス，イギリス，ドイツに連なる中世なりの国家は存在していたが，それぞれの国家は内部で都市国家や領邦国家に分裂していた。「ハンザ同盟」のように，都市国家がある程度自立し，経済的に同盟関係を結んでいた地域もある。また，現在のオーストリアの地域には，ハプスブルグ家の「神聖ローマ帝国」が残存していた。しかし，神聖ローマ帝国の皇帝は，西ヨーロッパ地域全体に勢力を保持していたわけではない。「部分帝国」である。しかも，神聖ローマ帝国の皇帝よりも，イタリア半島のローマ教会のローマ教皇の方が，宗教的かつ政治的な権威が相対的により強かった。ローマ教会のローマ教皇に破門されるということは，中世の時代の西ヨーロッパ時代には，決定的な意味を持っていた。国王であろうと，皇帝であろうと，自分が支配する地域を統治する権利を剝脱されたことを意味したからである。「皇帝は月，教皇は太陽」という言葉も残っている。「カノッサの屈辱」では，神聖ローマ皇帝ハインリヒ4世が，ローマ教皇グレゴリウス7世に，雪山の中，数日間，裸足で赦しを請うたという[15]。

第3節　中世の「キリスト共同体」から近代の主権国家システムへ

　数世紀の間，中世の時代が西ヨーロッパ地域で継続するが，15世紀後半の

東ヨーロッパ地域でのビザンティン帝国の崩壊以降，歴史的に大きな変化を経験していく。イタリア半島を中心に「ルネサンス」の文化運動が盛んとなり，スペインとポルトガルはイスラム教勢力の支配から脱し，「大航海時代」へと踊り出していく。ドイツのマルティン・ルターの宗教活動を契機として，ヨーロッパ地域全体に「宗教革命」が広がっていく。カソリックかプロテスタントか，という宗教上の選択は，宗教戦争や市民革命を通じて，国家ごとに委ねられていくようになると，ローマ教会のローマ教皇の絶対的な権威は，相対的により低下していくこととなった。次第に，主権国家から構成される近代の時代が到来することになる。政治的には主権国家システムであり，経済的には資本主義システムである。この意味で，近代の国際システムは，主権国家システムと資本主義システムとの"結婚"である[16]。

中世の時代に，「キリスト教共同体」として，自給自足的で，内に閉じこもっていた国際システムは，近代以降，ヨーロッパ以外の地域へと植民地を求めて，次第に膨張していくこととなる。ここで注意しなければならない点は，近代以降の西ヨーロッパ地域の大国が植民地をリジッドに統治するようになるのは，第二次産業革命を経験する19世紀後半以降ということである。それ以前の植民地支配は，港と港をつなぐネットワークの統治であり，"面"としての統治ではない。19世紀後半の第二次産業革命で，重化学工業を中心に工業化が急速に進展することにより，原材料を求めて，赤裸々な植民地獲得競争が熾烈化していくこととなる。かつ，アメリカや日本など，ヨーロッパ以外のアクターが，「準大国」として，国際社会に登場していくこととなる[17]。

第4節 「西欧国家体系」から「米ソ冷戦」へ

イギリスでは歴史家のE. H. カーが『危機の20年』で，アメリカでは国際政治学者のモーゲンソーが『国際政治』で，日本では古典的なリアリストの高坂正堯が『国際政治』で，国際政治学を体系化した[18]。高坂正堯によれば，1648年ウェストフォアリア講和会議から20世紀の第一次世界大戦までの約270年間，多極の「西欧国家体系」の国際システムが継続し，ナポレオン戦争

を例外として，大国間戦争が起こらず，国際秩序は比較的に安定していた。特にナポレオン戦争後のウィーン体制では，19世紀の間，ヨーロッパ地域では「長い平和」が実現される[19]。ただし，その間，1871年にドイツが統一され，ヨーロッパ地域の勢力均衡（BOP）は，根底からアンバランスなものになってしまっていた。『第一次世界大戦の起源』を執筆したジェームズ・ジョルによれば，19世紀後半のドイツの統一は，第一次世界大戦の根本的な遠因である[20]。近代以降のヨーロッパ地域での勢力均衡は，ドイツが統一されておらず，バラバラであったから，成り立っていたのである。オーストリア，フランス，イギリス，プロシア（ドイツ），ロシアの間の勢力均衡である。第2に，島国のイギリスが，ヨーロッパ地域に領土的な野心を持たず，弱い同盟にあえて味方する「バランサー」の役割を担った。第3に，戦争の目的とダメージは，近代のヨーロッパでは，長い間，限定的であった。中世から近代への転換期で，赤裸々な宗教戦争を経験していた教訓が活きていた。第4に，キリスト教や「多様性の愛」を重んじる啓蒙主義など，共通の価値観を共有していた近代ヨーロッパの大国は，コミュニケーションをとることが容易であった。王族や貴族間の血縁関係も緊密であった。嫁いだ人間は，人質にもスパイにもなりうる。第5に，ヨーロッパ地域以外の地域に地理的な余剰が残されていたことが重要であった。ヨーロッパ地域で，無駄に戦争する必要はなかったのである[21]。

　こうした近代以降の国際システムを比較的に安定させた要因は，1つずつ，壊れていった。第1に，ドイツの統一で，ヨーロッパ地域の勢力均衡は根底から崩れてしまう。第2に，イギリスが相対的なパワーの低下でバランサーの役割を担えなくなる。第3に，第二次産業革命の結果，軍事テクノロジーが発達し，戦争のダメージが限定的ではなくなった。19世紀を通じて，ナショナリズムが高まり，世論が外交により影響を与えるようになったことも，戦争の目的を限定的なものではなくしていくことになる。第4に，ヨーロッパ地域でのハイパー・ナショナリズムの高揚に加えて，アメリカや日本など，ヨーロッパ以外の地域のアクターが国際社会に参画するにともない，大国間のコミュニケーションも容易にとりづらくなっていった。第5に，帝国主義の時代に入り，赤裸々な植民地獲得競争が熾烈化し，地理的にヨーロッパの大国が拡大す

るフロンティアはなくなっていった。こうした，歴史的な条件が積み重なった上で，サラエボ事件を契機に，20世紀はじめに，第一次世界大戦が勃発した。

20世紀の2度の世界大戦を契機として，多極の「西欧国家体系」から双極の「米ソ冷戦」の時代へと国際システムは大きく変遷した。アメリカとソ連の2つの超大国を中心に，国際システムの中心のヨーロッパ地域は，東西に分断された。また，資本主義と共産主義のイデオロギー対立は，1950年6月の朝鮮戦争の勃発を契機として，"軍事化"し，ヨーロッパ以外の地域へと"世界化"していく。1950年代半ばには，米ソ冷戦の対立は常態化の様相を呈する。その後，ヨーロッパ地域の米ソ冷戦の対立はヨーロッパ以外の地域へと"拡散"していく。1962年10月のキューバ・ミサイル危機で，米ソ2つの超大国は核戦争の瀬戸際まで危機をエスカレートさせるが，その後は，「緊張緩和（デタント）」を深めていく。1963年8月の部分的核実験禁止条約（PTBT）は，米ソ間ではじめての軍備管理条約であった。また1972年5月の米ソ首脳会談では，「戦略攻撃兵器制限に関する米ソ間暫定協定（SALT1）」と「弾道弾迎撃ミサイル（ABM）制限条約」，「基本原則」合意で，「モスクワ・デタント」が成立した。同時に，西ドイツのブラント首相の「東方政策（オストポリティーク）」で，ヨーロッパ・デタントも深まった。ただし，第3世界では，資本主義と共産主義のイデオロギー対立は終わらず，米ソ冷戦も収束しなかった[22]。

米ソ冷戦が終結するのは，米ソが新冷戦を経験し，ソ連に改革派のミハエル・ゴルバチョフが書記長となり，国内で「ペレストロイカ」を断行し，対外的に「新志向外交」を展開したことが契機となっている。1987年12月には，米ソ間ではじめての核軍縮条約として「中距離核戦力（INF）全廃条約」が締結された。1988年には，ゴルバチョフ書記長は，「制限主権論」を軸とした「ブレジネフ・ドクトリン」を東ヨーロッパ地域にもはや適応しないことを宣言する。「ともにペレストロイカを推し進めていこう」というメッセージであった。1989年には，「東欧革命」が起こり，11月にはベルリンの壁が崩壊し，12月には，米ソの首脳会談で，冷戦の終結が宣言された[23]。

冷戦後，1991年1月の湾岸戦争を契機として，国際システムは，それまでの双極から，アメリカ中心の（軍事的な）単極システムへと大きく移行することとなる。21世紀の国際システムは，はたして，いかなる姿を示すのか―。

第5節　21世紀の国際秩序のシナリオを描く

　21世紀の国際システムの姿については，国際システムそのものの変化も含めて，4つのシナリオが考えられる。

　第1に，アメリカの覇権秩序が意外と長続きする，というシナリオである。軍事的に，アメリカが前方展開する力は他国を圧倒し，経済的にも，アメリカの地位は大きく揺らぐことはない，という見方である。このシナリオでは，国際システムは，単極の構造がしばらく，ほぼ恒常化することになるという[24]。逆にアメリカの覇権が意外と早く衰退し，中国の覇権へとシフトするというシナリオもありうる。この場合も，国際システムは単極である。

　第2に，中国など新興国が急速に台頭し，国際システムは，特に米中を軸に，双極化するという見方もある。2009年はじめ，アメリカの第一次オバマ政権の発足当初，ズビグニュー・ブレジンスキー元国家安全保障問題担当大統領補佐官が「G2」論を展開した。その後，オバマ政権は中国との対立をむしろ深めていくが，習近平国家主席をトップとした中国政府は，「新型の大国関係」を構築することをアメリカに呼びかけている。オバマ政権の対応は，きわめて慎重である[25]。

　第3に，国際システムは，予想以上に早く，多極化する，というシナリオである。フランシス・フクヤマが論じた「歴史の終わり」は，幻想となり，大国間のライバル関係が復活するという見方である[26]。ミヤシャイマーが『大国政治の悲劇』で，特に米中の衝突は回避し難い，と論じている[27]。

　第4に，国際システムそのものが変化し，「近代」の時代が終わる，という見方もある。国際政治学者の田中明彦や外交官のリチャード・クーパーは，ポスト・モダンの「新しい中世」圏へと国際システムが変遷する可能性を問題提起している。ここで注意すべき点は，国際システム全体が「新しい中世圏」に直ちにシフトすると論じているわけではなく，アメリカとヨーロッパ，日本の先進工業地域が，相互依存の深化やグローバリゼーションの深まりから，「新しい中世圏」へと移行しつつある，と議論されていることである。特に中国の

台頭は,「近代圏」の論理が残ることを意味しよう。さらに,アフリカ大陸の「破綻国家」などは,「混沌圏」が残ることを意味している。21世紀の国際システムは,「近代」の時代が終わり始めるとは言え,3層構造である,という見方である。少なくとも,3つの圏(スフィア)に分けて,21世紀の国際システムを論じる必要性があることを強調する見方である[28]。

おわりに

　こうして,「国際システムそのものを俯瞰する」と,浮かび上がってくる論点は,21世紀に,近代以降の国際システムがいかに変遷するのか,つまり「単極か,双極か,多極か」という議論なのか,それとも,国際システムそのものが変化し,「近代」の時代が終わるというシナリオなのか,ということである。国際システム上の変化にとどまるのか,それとも,国際システムそのものが原理的に変化するのか,という対立軸である。エコノミストの水野和夫は,『人々はなぜグローバル化の本質を見誤るのか』や『終わりなき危機 君はグローバリゼーションの真実を見たか』などの著作で,近代の時代が終わる蓋然性について,ポジティブな議論を展開している[29]。他方で,ネオリベラリズムやアメリカの軍部など現場の立場からは,アメリカの覇権秩序の強靭さが指摘される[30]。たとえ,中国経済がアメリカ経済に追いついたとしても,その影響力は限定的である,という見方がある。1人当たりのGNPは,中国のそれがアメリカや日本のそれを追い越すのは,まだまだ先の話である。

　ここで問題となるのは,アメリカの覇権優位論も,中国への覇権交代論も,「予見しうる将来」,すなわち,20-30年先しか,想定していないということである。アメリカのオバマ政権の『国家安全保障戦略(NSS)』や『4年ごとの国防計画の見直し(QDR)』なども,同じである。50年後や,100年後という議論は,ほとんど皆無である。たしかにこれらは,"占い"の域を脱しない。しかし,たとえば,近代以降の資本主義システムの歴史的な変遷を議論してきた世界システム論のイマニュエル・ウォーラーステインは,比較的に早い時期から,中国ではなく,インドが,アメリカに代わる覇権国になりうる可能性に

ついて,論じてきた。たしかに,インドは,中国と違い,少子高齢化の問題に直面しておらず,中長期の経済成長を望むことができる[31]。

ただし,ここで問題になるのは,アメリカの覇権秩序の継続か,中国との米中冷戦か,あるいはインドによる覇権秩序なのか,ではない。国際システム上の変化にとどまるのか,それとも,国際システムそのものの変化に発展しうるのか,という問題である。国際システムそのものの変化に至るのであれば,「近代」の時代が終焉を迎えることになる。政治的な主権国家システムと,経済的な資本主義システムとの"結婚"が終わるのである。はたして,国際システムのパワーが無極化し,経済がさらに金融化し,貧富の格差がさらに拡大し,政治が劣化し,国家財政の悪化で"緊縮"に悩まされ,かつ有権者が危機意識を失っていくような時代に,これからの国際秩序をいかに描くことができるのか? 国際関係と国内政治の連結(リンケージ),国際安全保障と国際経済との連結を強く意識して,「グローバル・ガヴァナンス」の名に相応しく,柔軟に想像力を発揮する必要性があると思われる[32]。

注
1) Bull, Hedley (1977), *The Anarchical Society: A Study of Order in World Politics*, Macmillan;田中明彦(1996)『新しい「中世」―21世紀の世界システム』日本経済新聞社;細谷雄一(2012)『国際秩序―18世紀ヨーロッパから21世紀アジアへ』中公新書;鈴木基史(2000)『国際関係』東京大学出版会を参照。
2) Waltz, Kenneth N. (1979), *Theory of International Politics*, McGraw-Hill, Inc., pp.161-163, 170-176.
3) Gilpin, Robert (1981), *War & Change in World Politics*, Cambridge University Press, pp.10-15. ロバート・ギルピンの覇権安定論を再評価する論文として,Wohlforth, William C. (2011), "Gilpinian Realism and International Relations", *International Relations*, 2011, No.25, pp.499-511 を参照。
4) Keohane, Robert O. (1984), *After Hegemony: Cooperation and Discord in the World Political Economy*, Princeton University Press.
5) Rosenau, James N. and Czempiel, Ernst-Otto eds. (1992), *Governance without Government: Order and Change in World Politics*, Cambridge University Press; Young, Oran R. (1994), *International Governance: Protecting the Environment in a Stateless Society*, Cornell University Press, 1994; Bevir, Mark (2012), *Governance: A Very Short Introduction*, Oxford University Press;渡辺昭夫,土山實男編(2001)『グローバル・ガヴァナンス―政府なき秩序の模索』東京大学出版会;納家政嗣,デヴィッド・ウェッセルズ編(1997)『ガバナンスと日本―強制の模索』勁草書房;山本吉宣(2008)『国際レジームとガバナンス』有斐閣;猪口孝(2012)『ガバナンス』東京大学出版会;総合研究開発機構(NIRA),横田洋三,久保文明,大芝亮編(2006)『グローバル・ガバナンス―「新たな脅威」と国連・アメリカ』日本経済評論社;吉川元,首藤もと子,六鹿茂夫,望月康恵編(2013)『グローバル・ガヴァナンス論』法律文化社を参照。

6) Gilpin, *War & Change in World Politics*, p.40.
7) Nye, Joseph S., Jr. and Welch, David A. (2012 [2000]), *Understanding the Global Conflict and Cooperation: An Introduction of Theory and History*, 9th Edition, Prentice Hall, ch. 1.
8) Morgenthau, Hans J. (1978), *Politics among Nations: The Struggle for Power and Peace*, Fifth Edition, Revised, Alfred A Knopf ; Kissinger, Henry A. (1957), *A World Restored: Metternich and Castlereagh and the Problems of Peace 1812-1822*, Houghton Mifflin.
9) Waltz, *Theory of International Politics*, pp.161-163, 170-176.
10) Waltz, Kenneth N. (1986), "Reflections on Theory of International Politics: A Response to My Critics," Robert O. Keohane ed., *Neorealism and Its Critics*, Columbia University Press, pp.327-328, 343.
11) Gaddis, John Lewis (1993), "The Long Peace: Elements of Stability in the Postwar International System," Lynn-Jones, Sean M. and Miller, Steven E. eds., *The Cold War and After: Prospects for Peace*, Expanded Edition, The MIT Press, pp.1-44. ; Jervis, Robert (1993), "The Political Effects of Nuclear Weapons: A Comment," Lynn-Jones and Miller eds., *The Cold War and After*, pp.70-80 も参照。
12) Mearsheimer, John J. (1995), "Back to the Future: Instability in Europe after the Cold War," Michael E. Brown, Lynn-Jones, Sean M. and Miller, Steve E. eds., *The Peril of Anarchy: Contemporary Realism and International Security*, The MIT Press, pp.78-129.
13) ブライアン・ウォード・パーキンズ／南雲泰輔訳（2014）『ローマ帝国の崩壊—文明が終わるということ』白水社 ; 弓削達（1991）『永遠のローマ』講談社学術文庫 ; I. モンタネッリ／藤沢道朗訳（2013 [1976]）『ローマの歴史』中央公論社 ; 南川高志（2013）『新・ローマ帝国衰亡史』岩波新書。
14) 井上浩一（2008）『生き残ったビザンティン』講談社学術文庫。
15) 福田歓一（1970）『近代の政治思想—その現実的・理論的前提』岩波新書 ; 塩野七生（2001）『ルネサンスとは何であったか』新潮文庫。
16) 水野和夫（2007）『人々はなぜグローバル経済の本質を見誤るのか』日本経済新聞出版会 ; 水野和夫（2011）『終わりなき危機 君はグローバリゼーションの真実を見たか』日本経済新聞出版社。
17) Bull, Hedley and Watson, Adam eds. (1985), *The Expansion of International Society*, Clarendon Press に所収の論文を参照。
18) Carr, Edward Hallett (1946 [1939]), *The Twenty Year's Crisis: An Introduction to the Study of International Relations, 1919-1939*, Harper & Row Publishers; Morgenthau, *Politics among Nations* ; 高坂正堯（1966）『国際政治—恐怖と希望』中公新書。
19) Kissinger, *A World Restored* ; 高坂正堯（1978）『古典外交の成熟と崩壊』中央公論社。
20) Joll, James and Martel, Gordon (2007), *The Origins of the First World War*, Pearson Longman.
21) 高坂正堯（2004）「勢力均衡」田中明彦・中西寛編『新・国際政治経済の基礎知識』有斐閣，4-5ページ。
22) 米ソ冷戦とその緊張緩和（デタント）については，石井修（2000）『国際政治史としての20世紀』有信堂 ; 佐々木卓也（2011）『冷戦—アメリカの民主主義的生活様式を守る戦い』有斐閣を参照。
23) ネオリアリズムもネオリベラリズムも冷戦の終結という国際システム上の変化を説明できなかった点をコンストラクティヴィズムの観点から批判する初期の研究業績として，以下の論文集を参照。Lebow, Richard Ned and Risse-Kappen, Thomas eds. (1995), *International*

Relations Theory and the End of the Cold War, Columbia University Press.
24) Ikenberry, G. John ed. (2002), *America Unrivaled: The Future of the Balance of Power*, Cornell University Press; Kapstein, Ethan B. and Mastanduno, Michael eds. (1999), *Unipolar Politics: Realism and State Strategies after the Cold War*, Columbia University Press.
25) Friedberg, Aaron L. (2011), *A Contest for Supremacy: China, America, and The Struggle for Mastery in Asia*, W. W. Norton & Company, Inc..
26) Kagan, Robert (2009), *The Return of History and End of Dreams*, Vintage Books.
27) Mearsheimer, John J. (2001), *The Tragedy of Great Power Politics*, W. W. Norton & Company, Inc..
28) 田中『新しい「中世」』; Cooper, Robert (2003), *The Breaking Nations: Order and Chaos in the Twenty-First Century*, Grove Press.
29) 水野『人々はなぜグローバル経済の本質を見誤るのか』; 水野『終わりなき危機 君はグローバリゼーションの真実を見たか』。
30) Nye, Joseph S. Jr. (2013), *Presidential Leadership and the Creation of the American Era*, Princeton University Press; Nye and Welch, *Understanding the Global Conflict and Cooperation*; Nye, Joseph S. Jr. (2011), *The Future of Power*, Public Affairs; Nye, Joseph S. Jr. (2008), *The Power to Lead*, Oxford University Press; Nye, Joseph S. Jr. (2004), *Soft Power: The Means to Success in World Politics*, Public Affairs; Nye, Joseph S. Jr. (2002), *The Paradox of American Power: Why the World's Only Superpower can't Go It Alone*, Oxford University press; Nye, Joseph S. Jr. (1990), *Bound to Lead: The Changing Nature of American Power*, Basic Books; Ikenberry, G. John (2011), *Liberal Leviathan: The Origins, Crisis, and Transformation of the American World Order*, Princeton University Press; Ikenberry, G. John (2006), *Liberal Order & Imperial Ambition*, Polity; Ikenberry, G. John (2001), *After Victory: Institutions, Strategic Restraint, and the Rebuilding of Order After Major Wars*, Princeton University Press.
31) Wallerstein, Immanuel (2003), *The Decline of American Power: The U.S. in a Chaotic World*, The New Press を参照。
32) 島村直幸 (2013)「アメリカ外交―理念外交と権力外交の間」杉田米行編『アメリカを知るための18章―超大国を読み解く』大学教育出版, 103-106ページ。

(島村直幸)

第 7 章

中国外交戦略の変容
―「周辺外交」の意味を問い直す―

はじめに

　最近「周辺外交」という用語が中国メディアに頻繁に登場し，注目されている。この小論では中国の「周辺外交」への傾斜の背景を検討したうえで，「周辺外交」強化の意味を考察したい。

　2010 年代以降，アジア地域には 2 つの「アジア復帰」が見られた。1 つは米国の「アジア復帰」，もう 1 つは中国の「アジア復帰」である[1]。2013 年 10 月，習近平は「周辺外交」会議で周辺地域を重視することを宣言した[2]。翌年 5 月において，習は再度中国政府が周辺地域を重視する立場を強調した[3]。中国外交の「アジア復帰」は米国の「アジア復帰」，中国周辺情勢の緊迫化への反応であると同時に中国の分離運動の内外連携動向に対する反応でもある[4]。上記の 2 つの「アジア復帰」はアジア情勢に新しい変数をもたらしている。

　中国の「周辺外交」戦略のなかで，「周辺」という用語は狭義と広義とそれぞれに使用される。狭義の場合は，陸海上の国境に接する国のみを指す。中国の領土・領海が隣接する国は合わせて 21 カ国ある[5]。それらの国である一方，広義の「周辺」は地政学上中国にとって重大な利益のある国であり，たとえ国境に接していない国でも含まれる。バングラデシュ，タイ，カンボジア，イラン，イラクなどがそうである。アメリカはアジアの国ではないが，中国の安全保障に広範囲かつ長期的な影響を与えているので「周辺国家」ともされている[6]。本章においては主に後者の意味で中国の「周辺外交」戦略を論じることとする。

「周辺外交」の歴史は長い。しかし，習近平時代に入ってから「周辺外交」という言葉は新しい意味がこめられることとなった。新しい意味において，「周辺外交」は「利」「情」「命」という3要素が特に強調されている。「利」は共通の利益，「情」は地縁的で伝統的な繋がり及び人情，「命」は「運命共同体」[7]，ということである。

周辺国は中国経済の成長にとって極めて重要な意味を有している。中国と周辺国の貿易総額は中国と欧州，米国の合計額より多い。大部分の周辺国にとって中国は最大の貿易相手国である。周辺地域の安定は中国経済の安定成長にとって欠かせないものである。

「周辺外交」を遂行するために中国は地政学的優位性を生かして国境に跨る大型インフラ整備計画を多数提案し国際地域機構の構築を模索している。2013年以来，中国指導部は頻繁に周辺諸国を訪問し地域の国際協力案を多数提起している。中国はこの戦略を通じ周辺諸国の中国への警戒感を緩和させ，周辺の安定化を図ろうとしている。

第1節　現代中国外交の2つの伝統

1．「革命外交」の伝統及びその反省

周辺国家を重視することは近代外交の常識であり，中国も例外ではない。しかし近代以降，世界は帝国主義時代に入り，非西洋国家は周辺国家より覇権国，大国と応酬せざるをえなくなった。中国外交は19世紀以降，列強をめぐって展開されたので周辺国の外交は疎かになった。これは中国外交が伝統軌道から逸する始まりであり，本章の問題意識の背景でもある。

1950年代以降，中国外交には2つの伝統が構築された。最初は「革命外交」の伝統であり，次は「新興外交」である[8]。1950年代～1970年代に施行された「革命外交」は現代中国外交の第1伝統となった。その特徴として，強烈なイデオロギー傾向を有している。1950年代前半，中国は旧ソ連への「一辺倒」外交方針を形成し実施した。1950年代中期から1960年代中期にかけて米ソに対抗するため中国は「中間地帯外交」を実施していた。「中間地帯外交」は西

側陣営と旧ソ連陣営から独立した途上国から歓迎と支持を受けた[9]。

　この時代の中国外交は既成の国際秩序に反抗し，植民地支配反抗や共産主義ゲリラを支援するものだったため「革命外交」と呼ばれる。この時代中国は西側陣営の封じ込めを警戒すると同時に旧ソ連の侵攻にも備えていた。更に非社会主義陣営の隣国との関係も緊張していた。1970年代から中国は「3つの世界」外交を提起した[10]。「中間地帯外交」及び「3つの世界」外交は中国孤立の打開に有効的なものであった。この戦略のもとで米中，日中関係が改善されたが対外関係の全体は依然世界と大きな距離を隔てていた[11]。

　改革開放後，「革命外交」は「新興外交」にとって代わった。第2伝統としての「新興外交」のもとで，最も重視されたのは経済発展であり，外交の安全保障の機能が相対的に低下したとされている。しかし21世紀以降，国力増大と相まって中国軍事予算が急速に増加し，周辺地域の「中国脅威論」が議論されている。2010年代以降の東アジア情勢の緊張により，中国の人々は30数年続いた平和発展の時代にそろそろ終息が告げられるのではないかと危惧している。これにより「新興外交」の効用が疑問視されるようになった。ここ数年，中国は「新興外交」戦略だけでは周辺危機への対応，解消効果は限られるものになると認識している。

2.「新興外交」の伝統

　中共11期3中全会以降，中国政治は経済建設を中心とする時代に入った。これに合わせて1970年代末から2000年代の最初の10年間，中国外交は世界革命の支援から経済建設のための国際環境作りに方針を転換し，外交の経済化が実施された。この間，アメリカとの関係の緊張緩和，改善が最も重要な位置に置かれた。1990年代初頭，中国は市場経済への転換を決め，経済は著しい成長を遂げた。2000年代初頭，中国共産党は中国外交戦略方針を「平和」「協力」「発展」に集約し，「経済外交」の重きを更に増やした。2008年8月は中共中央委員会が経済外交会議を招集した。この会議では平和共存の周辺外交戦略の堅持や経済の共同繁栄の促進が提唱された。同時に「與隣為善，與隣為伴」「睦隣，安隣，富隣」の新しいスローガンが唱えられた[12]。

3.「新興外交」の弱点

　改革開放後，中国政治はすべて経済建設を中心とする方向に転換され，中国外交も国家利益を重視するようになった。「革命外交」時代の中国は国際主義を唱え「民族主義（ナショナリズム）」のイメージは芳しくなかった[13]。しかし改革開放後，国内向けの「国際主義」宣伝はほとんどなくなり，「革命外交」は終了した。中国には一時イデオロギーの空白があった[14]。1991年ソ連崩壊後，中国はイデオロギーの空白を補てんするために「愛国主義」という名をもつナショナリズムの導入をすることとなった。このような外交方針の下で大国外交，先進国が重んじられ周辺諸国の重要度が相対的に低下した。

第2節　回復された伝統

1. 周辺危機の増大

　2010年代に入ってから，中国をとりまく国際環境に変化が生じ，中国の外交専門家たちは不吉な予感を持たずにはいられなかった[15]。これらの問題は極めて複雑で深刻である。東北部には北朝鮮の核疑惑，日中間の尖閣諸島をめぐる係争，南シナ海には中越，中比間の島嶼係争，南西部には中印領土係争などがある。北西部には分裂主義者の支援勢力がある。さらにミャンマーは政治体制の転換により脱中国・西側接近の動向が出ている。

　中国政府のブレーンの1人であり，アジア問題専門家である張蘊嶺は「中国は近代化を実現させるためには長期にわたる平和な環境が必要とされている。中国外交政策の主要な目標は，近代化を実現させるためのよい外部環境をつくることである」と述べ，その目標を達成するには，「中国の外交政策においては隣国との関係を特に大事に扱うべきである」と述べている[16]。

2. 信頼回復の問題

　周辺諸国には中国の台頭による「集団的恐慌」が広まっている。この問題は中国の対応次第で変わるものである。「棚上げ外交」を中国外交の常態として理解すべきであるという意見がある。その意見の根拠となっているのは，領土，

領海の係争は国家の重大な利益にかかわり国家間の利益の対立が激しいので片方の勝利はありえないという考え方である[17]。一方，周辺外交を実施するに当たり「より奮発して努力すべきである」と訴える意見もある。その意見の根拠は中国台頭の著しい時期においては「柔軟」で「温和」な方法ばかりで取り組むことは困難だという考え方である。「今後，中国の外交は相当長い期間にわたってより一層積極的な姿勢で進められていくであろう」[18]とみられている。今日の中国外交政策の意思決定の力は分散化されているので，上記の意見は何れも何らかの形で中国政府の外交政策制定に影響を与えるのではないかと考えられる。

張蘊嶺は「中国と隣国間の信頼感は増大しているが，基盤はまだ強固ではない」と言っている[19]。周辺外交を遂行するために如何に周辺諸国からの警戒感を解き，信頼を獲得できるかが重要な課題である[20]。任暁は地域の大国として中国の今後の課題は，大きくても恐怖感を与えるのではなく，大きくても親しみやすい国家になるべきであると唱えている。彼は親しみやすい大国となるには2つの条件を要すると考えている。一つが平等で付き合うこと，もう一つがやさしさを持つことである[21]。

3. 伝統を回復するか，新しい伝統を再構築するか

前近代の中国外交は周辺地域を極めて重視してきた[22]。20世紀の「革命外交」の下，中国外交は依然アジア重視，途上国重視という伝統的要素を維持していた。今度の中国指導部の「周辺外交」への復帰は「新興外交」の見直しを意味すると同時に中国伝統的外交への復帰をも意味している。しかしこれは伝統への単純な復帰を意味するのではない。世界は変わった。「周辺外交」は新しい伝統の構築をも意味している。

第3節　外交戦略の大転換の始まり

1. 中国のアジア外交戦略

ここ20年来，中国は周辺諸国と中国-ASEAN自由貿易区（ASEAN-China

Free Trade Area, ACFTA),「上海協力機構」を構築した他, 日本, 韓国と困難ながら日中韓 FTA 構想をも推進している。2003 年, 中国-ASEAN 戦略パートナシップが樹立され, 2010 年に中国-ASEAN 自由貿易区が全面スタートした。域内は 19 億の人口を有し, 中国-ASEAN 双方の貿易額は世界の 13％を占め, 生産規模は 6 兆ドルに達している。中国と ASEAN は全面経済パートナシップ（RCEP）を目指して交渉を進めている[23]。

上海協力機構は 1996 年にスタートを切り, 今は中国, ロシア, カザフスタン, キルギス, タジキスタン, ウズベキスタン 6 カ国から構成されている。当該組織は非同盟の国際組織であるとし, メンバーの防衛協力はますます強化されている。2002 年, 当該組織は SCO 地域対テロ機構を創設し, 組織の書記局が上海に, 本部がビシュケクに設置された。今後構成メンバーの拡大も考えられる。

日中韓 FTA は最初 2002 年に提起されたものである。今現在, この 3 カ国の GDP は 15 兆ドルに達し, EU を超えた。3 カ国が FTA を締結するなら物資, 人間及び資本の自由流動を促進し各国産業の発展を促進することが期待される。この構想は今は政治の理由で停滞気味であるが, 日中間 3 カ国の実務レベルの交流は依然継続している。

中国は「2 つの百年」の戦略目標を目指して周辺外交戦略を進めているところである[24]。しかしこの目標を実現させるためには大きな困難を乗り越えなければならない。目標を達成するために日本を含むアジア諸国との安定かつ協力的な関係の構築は欠かせない。この意味で中国の「アジア復帰」は日本を含むアジア諸国にとって大きな試練であると同時に大きな機会でもある。

2. 周辺外交への道

1978 年, 中国は「経済建設を中心とする」時代が始まった。1980 年代, 中国は「平和共存」路線への転換に相俟って周辺諸国との外交関係は文化大革命時代のマイナス影響から脱し, 次第に正常化された[25]。1990 年代初頭, 中国は新たに独立した周辺諸国と国交を樹立した[26]。また中国は周辺諸国との国境画定作業も進めている[27]。

2004 年胡錦涛総書記は中国外交の優先度について「大国はかぎ, 周辺（国

家）は第一，途上国は基礎，多角（関係）は重要な舞台」と規定している。2011年4月，胡は更に中国が「アジアを対外政策の最も重要な地位に位置づける」と強調した[28]。2012年10月，中国政府は周辺諸国と「協力，ウィンウィン」関係を構築する方針を打ち出し，これは中国の周辺外交戦略の重要な変化の兆候であると読み取られている。

習近平時代に入り，中国は周辺外交を更に重視する姿勢を見せた。2013年10月に開催された中共中央外交工作会議で，習近平は「周辺は中国にとって極めて重要な戦略意義を有する」と発言した。彼は周辺外交の重大意義を強調したうえでアジア諸国と「共同発展」するという意志を表明した。習近平は，中国の周辺地域が活気に溢れ，中国と周辺諸国との関係は概ね安定で友好的なものであり，中国と周辺諸国は互恵かつ協力的な関係を有していると述べた。

上記の会議で習近平は「睦隣を堅持し，隣国を安心させ，豊かにさせる。親密さ，誠実さ，互恵，寛容の理念を高める」という「周辺外交」の基本方針を再提起した。さらに習は「善隣友好を堅持し，互いに助け合う。頻繁に訪問しあう。」「誠心誠意，周辺国家に対応し，より多くの友人・仲間を獲得する」と提案した。

習近平の周辺外交戦略には4つの要素がみられる。a)「包容」すなわちより積極的に地域協力に取り組む。b)「周辺平和安定」の維持。c)「インフラの相互接続の強化」。d)「運命共同体意識」の貫徹。彼は「互信，互利，平等，協作」を中心とする「新安全観」をアピールし周辺諸国と安全保障協力の推進を訴えている。2014年5月CICA第4回サミットで習近平は「共同，総合，合作，持続可能」をキーワードとする「アジア安全観」を発表した。この安全観を実現させるために習近平は「開かれた，平等かつ透明性のあるアジア安全保障面での協力の枠組を構築し，安全の共建，共享，共贏[29]というアジア安全保障の道を構築する」と唱えている。習近平の「周辺外交」は2つの特徴を有している。1つは周辺国との「互連互通」のインフラ整備を重視すること，もう1つは「人情」を重んじることである。

江沢民時代の中国外交戦略は，「大国外交」つまり対米関係が最も重要視された。胡錦濤時代に入ってから，胡は「大国はかぎ，周辺（国家）は第1」と規定し，「周辺外交」は「大国外交」と同格に扱われた[30]。しかし習近平時代に

入ってから「周辺外交」は確実に中国外交戦略の最も重要な地位を獲得した[31]。

3. 外交伝統への復帰及びその展望

「周辺外交」戦略のもとで中国は周辺諸国との「互連互通」戦略を進めている。中国は周辺地域における大規模な国際経済協力計画を積極的に提案する。2014年5月に上海で開催されたCICA第4回サミットで中国の指導者は「シルク・ロード経済ベルト」[32]、「21世紀海上シルク・ロード」[33]、「アジアインフラ投資銀行」の3つの案を提起した。中国は「バングラデシュ・中国・インド・ミャンマー経済回廊」、「中国・パキスタン経済回廊」計画も提起した[34]。これらの構想は周辺諸国の脆弱なインフラの整備を行うことによって当該地域の経済を一体化することを図っている。

今後5～10年間、中国はアジアで多大な影響力を発揮するであろう。まずは巨額な資金を周辺諸国に投じ「互連相通」のインフラを整備する。更に周辺諸国と複数の地域経済、安保組織を構築し、段階的に地域の一体化を図ろうとする。なお中国と周辺諸国の間では様々な形式での人的交流も促進される。

米国の「アジア復帰」は中国に外交戦略を見直す重要な契機を提供した。今後中国は周辺外交を遂行するために周辺諸国に巨大な資本を提供するだけでなく、公共財、価値観、理念などのソフト面で影響を及ぼしていくことも考えていくであろう。米国と中国の「アジア復帰」は日本を含むアジア諸国の外交にとって大きな試練であると同時に大きな機会となりうることも意味している。

中国外交戦略の「周辺外交」への傾斜は伝統外交への復帰であると同時に新しい外交伝統を構築する挑戦でもある。

注
1) 1990年代から中国は次第に「周辺外交」を重視することになった。2010年以降、米国の「アジア復帰」に刺激され、中国は急速に「周辺外交」を強化する動きを見せた。この章は、中国の「周辺外交」強化の現象を中国の「アジア復帰」と定義する。
2) 2013年10月24-25日、中共中央委員会は『周辺外交座談会』を開催した。この会議の目的は「経験を総括し、情勢を研究・判断する。思想を統一し、未来を開拓する」ことである。さらに「今後5～10年の周辺外交の戦略目標、基本方針、全体の布局」を決め、「周辺外交が直面している重大な問題の指導方針及び実施案」を明らかにするということである。中共中央政治局常務委員は全員、また外交実務関係者も多数出席した。
3) 2014年5月、CICA第4回サミットは上海で開催され、習近平は周辺地域との信頼関係を増強させる「アジア安全観」を提起した。

4）　中国が「周辺外交」を強化する背景には米国の「隣連制中」（米国と中国隣国の連携をもって中国を制する）や分離運動の内外連携への恐怖がある。
5）　陸上の隣国にはモンゴル，ロシア，北朝鮮，ベトナム，ラオス，メンマー，ネパール，ブータン，インド，パキスタン，アフガニスタン，タジキスタン，キルギス，カザフスタンがあり，海上の隣国には韓国，日本，フィリピン，マーレシア，ブルネイ，インドネシアがある。
6）　朱聴昌監修（2002）『中国周辺安全環境與安全戦略』時事出版社。
7）　張蘊嶺は「運命共同体」の特徴を次の 3 点に整理した。(1)「発展成果の共同享受」(2)「安全保障は協力によって実現する」(3)「人民同士の交流は平和的である」。張蘊嶺「中国與周辺関係　命運共同体的邏輯」『人民網-人民論壇』（2014 年 2 月 18 日閲覧）（http://theory.people.com.cn/n/2014/0218/c367550-24393940-3.html）
8）　中国外交問題専門家王逸舟は改革開放 30 年間の外交を「新興外交」と名付け，その特徴は(1)「沈穏安定」(2)「目標明確」(3)「ますます想像力と大国気勢をもつ」。王逸舟（2009）「走過従前，走向未来」王逸舟他監修，21 ページ。しかしここでは異なる意味でこの用語を使用したい。本章は経済成長戦略のために展開された中国外交を「新興外交」と定義する。
9）　王逸舟（2009）「走過従前，走向未来」王逸舟他監修，12 ページ。
10）　1952 年，フランス人口学専門家 Alfred Sauvy がフランス革命時の「第三身分」を引用し「第 3 世界（Third World）」途上国と呼ぶ。これは「第 3 世界」という用語を最初に使用したものである。1974 年毛沢東は「3 世界論」を提起し，米ソを第 1 世界，西欧など先進国を第 2 世界，日本を除くアジア，アフリカ全体を第 3 世界と区分している。同年，鄧小平は国連資源特別総会で「3 世界論」を説明し，中国を第 3 世界に位置付けると宣言した。「3 世界論」は中国を国際孤立から脱出させることに有効な戦略であったと思われる。
11）　1971 年，中国は国連常任理事国に就任，1966 年から 1977 年にかけて中国は 62 カ国と国交を樹立した。
12）　「與隣為善，與隣為伴」とは善意をもって隣国に対処し，隣国をパートナーとみなす意味である。「睦隣，安隣，富隣」とは隣国と仲良くし，隣国を安心させ，隣国を豊かにする意味である。
13）　王逸舟他監修（2009），162 ページ。
14）　1949 年から 2006 年までの『人民日報』を調べたら改革開放後，「国際主義」という用語の使用頻度は相当低下した。王逸舟他編著（2009），163 ページ。
15）　王庚武は中国の殆どすべての方向に強大な隣国や不安定の国及び潜在的非友好国家同盟があると指摘している。許嘉編著（2003）『冷戦後中国周辺安全態勢』軍事科学出版社。祁懐高は，2010 年代以降，中国周辺の安保危機は次のようなものであると指摘している。(1) 周辺諸国の中国への危惧増大 (2) 域外大国の中国周辺への関与の増加 (3) 一部隣国との海洋領土紛争の過熱化 (4) 周辺国の突発の事件増加による周辺安保圧力の増大 (5) 隣国の政治体制転換による中国政治安保への挑戦 (6) アジア太平洋の多角制度競争の中国外交への抑制。祁懐高（2014）「導論」祁懐高他編著『中国崛起背景下的周辺安全與周辺外交』中華書局。
16）　張蘊嶺編著（2008），1 ページ。
17）　「2014 中国周辺外交政策」『瞭望東方週刊』2014 年第 9 期，29 ページ。
18）　「2014 中国周辺外交政策」『瞭望東方週刊』2014 年第 9 期，29 ページ。
19）　張蘊嶺編著（2008），13 ページ。
20）　中国外交部長王毅は 2014 年 2 月に「中国脅威論」を解消する問題の重大さを次のように述べた。「外から見るとき，我々が直面している 1 つの重大な挑戦は中国の将来に向けた足取りに対する国際的な様々な心配及び疑念を如何に解消するかということである。中国がいわゆる "トゥキディデスの罠" を乗り越え，"国家が強くなれば必ず覇権を追求するという定則" を打ち破ることができるかどうかという重大な課題がすべての中国人の目の前にある。」王毅「堅持和平発展，実

現民族復興中国夢」『学習時報』2014-2-17 (http://www.chinanews.com/gn/2014/02-17/5845425.shtml) (2014年9月30日閲覧)

21) 「2014中国周辺外交政策」『瞭望東方週刊』2014年第9期, 29ページ。
22) 劉海泉 (2014), 49-56ページ。
23) 東アジア地域包括的経済連携 (Regional Comprehensive Economic Partnership, RCEP) はASEANが主導している自由貿易協定構想。ASEAN以外, 日本, 中国, 韓国, オーストリア, ニュージランド, インドなど6カ国が呼ばれた。
24) 2021年 (中国共産党成立百周年) に国民経済及び諸制度をより健全化させ, 2049年 (中華人民共和国成立百周年) に国家の近代化をほぼ実現させる。
25) 1988年12月, インド総理ラジーヴ・ガンディーの中国訪問によって両国関係の正常化が実現された。1989年5月, 旧ソ連大統領ゴルバチョフの中国訪問をもって中ソ関係の正常化が実現された。1991年末, ベトナム最高指導者ドー・ムオイなどの中国訪問で中越関係も正常化になった。
26) 1991年旧ソ連解体, 旧ソ連の15の加盟国が独立国家となり, 中国の西方向には新たにカザフスタン, キルギスタン, タジキスタンという3つの隣国が増えた。中国はこの3カ国と速やかに国交樹立した。
27) 中国はロシア, カザフスタン, キルギスタン, タジキスタン, ベトナムと陸上の国境線の画定がほぼ完了。更にベトナムと『北部湾国境画定協議』が調印された。
28) 胡錦濤「推動共同発展, 共建和諧亜洲——在博鰲亜洲論壇2011年年会開幕式上的演講」『人民日報』2011-4-16。
29) 共建, 共享, 共贏とは共に築き, 共に享有し, 共に勝ちとる (ウィンウィン) ということである。
30) 胡錦濤時代の後期, 胡は「アジアを対外政策の第一重要な地位に置くべきである」と強調した。しかし, その時代の外交行動からみれば「周辺外交」は依然「大国外交」を施行するための道具に過ぎない。
31) 2013年3月〜2014年10月, 習近平は30数カ国を訪問したが, その半数は周辺国家である。「透視習近平周辺外交理念:親真恵容打造運命共同体」, http://www.chinanews.com/gn/2014/10-10/6660509.shtml (2014年10月10日閲覧) を参照。
32) これは中国と西アジア各国の間に作る経済協力地域である。古代シルクロードの範囲と重なっている。中国陝西, 甘粛, 青海, 寧夏, 新疆など5つの省・自治区を含む。さらに重慶, 四川, 雲南, 廣西など4省市である。最初は習近平主席が2013年カザフスタン訪問時に提起した。この地域には自然資源が豊かで, シルクロード経済地域を作ることは世界経済に重大な影響を与えると考えられる。
33) 2013年10月習近平主席ASEAN訪問時「21世紀海のシルクロード」構想を提起。同構想の狙いは中国とASEAN協力の強化, より緊密な運命共同体の建設にある。2014年3月5日, 李克強総理は政府工作報告のなかで再度前述の「シルクロード経済ゾーン」「21世紀の海のシルクロード」の建設を確認した。
34) 「バングラデシュ・中国・インド・ミャンマー経済回廊」構想は最初, 中国学者によって提起され, 2013年5月李克強総理のインド訪問の際, 中印政府は両国市場を結び付けるために共同で提案した。「中国・パキスタン経済回廊」は李克強総理が2013年5月にパキスタン訪問中, 両国の交通, エネルギー, 海洋資源の交流を強化させるために提起した構想である。2014年2月パキスタン大統領フセイン中国訪問時, 同構想の実現を早めさせることについて合意した。

参考文献

青山瑠妙(2013)『中国のアジア外交』東京大学出版会。
天児慧他編著(2010)『膨張する中国の対外関係―パクス・シニカと周辺国』勁草書房。
王逸舟(2007)『中国外交の新思考』東京大学出版会。
添谷芳秀編著(2011)『現代中国外交の六十年　変化と持続』慶應義塾大学出版会。
フランソワ・ジョワイヨー(1995)『中国の外交』白水社。
於軍(2013)『中国外交與外交政策』国家行政学院出版社。
王逸舟他監修(2009)『中国外交六十年(1949-2009)』中国社会科学出版社。
王開璽(2009)『清代外交礼儀的交渉與論争』人民出版社。
祁懐高他編著(2014)『中国崛起背景下的周辺安全與周辺外交』中華書局。
曲星編(2013)『国際安全新態勢與中国外交新対応』世界知識出版社。
国務院新聞弁公室(2014)『解読中国外交新理念』五洲伝播出版社。
周溢潢(2004)『中国の外交』五洲伝播出版社。
謝益顕監修(2009)『中国当代外交史(1949-2009)』中国青年出版社。
張蘊嶺編著(2008)『中国與周辺国家：構建新型夥伴関係』社会科学文献出版社。
趙佳楹(2007)『中国近代外交史』世界知識出版社。
丁学良(2014)『中国的軟実力和周辺国家』東方出版社。
唐希中他著(2003)『中国與周辺国家関係(1949-2002)』中国社会科学出版社。
門洪華編著(2013)『中国外交大布局』浙江人民出版社。
李兆祥(2008)『近代中国的外交転型研究』中国社会科学出版社。
劉海泉(2014)『中国現代化進程中的周辺安全戦略研究』時事出版社。
White, Hugh (2012), *The China Choice: Why the United States should share power with China*, Black Incorporated (樊犇訳『中国抉択：美国為什麼応與中国分享権力』世界知識出版社, 2013年)。

(劉　　迪)

第 8 章

中台関係の行方
―台頭しぶつかり合うナショナリズム―

はじめに

　グローバル化する諸問題を解決する為に，多様な領域でのグローバル・ガバナンスの枠組構築が重要視されるようになって久しい。国家間の紛争解決や安全保障も，当事国のみならず国連をはじめとする国際機関や，地域組織，関係諸国などの関与による安全保障ガバナンス[1]の下でマネジメントされるべき局面が増えてきた。しかし，中国（中華人民共和国）と台湾（中華民国）との関係（以下，「中台関係」と呼称[2]）にはその波は及んでいないようである。

　中国と台湾は，国共内戦の結果によって分断されたものであり，将来的に台湾が中国と再統一するかを巡って対立している。中国にとって台湾回収は「核心的利益」であると一貫した立場を示しており，「反国家分裂法」を制定するなど，台湾が独立を宣言した場合の武力行使を明文化している。他方，台湾側は，時々の政権によって対中姿勢の温度差はあるものの，民主国家である以上は，大多数の民意である統一の拒否（後述）に最終的には沿うことになる。こうした中台間の将来像の不一致により，武力紛争の起きる可能性が存在する。しかし，この問題を扱う安全保障ガバナンスの枠組は存在していない。

　基本的に中台両当事者間の対話のみであり，台湾の最大の後見人であるアメリカ合衆国でさえも，武力紛争が勃発しない限りは，軍事・外交上の圧力以上の関わりを持てない[3]。同じく分断国家であり，未だ休戦状態にある南北朝鮮や南北キプロスの問題は，当事者のみならず，国際機関や地域組織，関係諸国間の話し合いが持たれるのとは対照的であると言えよう。

　本章では，こうした中台関係における安全保障ガバナンスの関わりの希薄さ

の背景を分析すると同時に，今後の中台対立の動向についても考察する。

第1節　「一つの中国」原則と安全保障ガバナンス

1. 一つの中国原則

　中台関係を論じる際に，先ず理解しておかなければならないのは「一つの中国原則」4)である。これは，中台双方に長らく共有されてきた原則である。大まかに要約するならば，「中国を代表し全土を統治する正統な政府はただ一つであり，中国大陸と台湾は共に中国を形成する不可分の要素である（台湾は中国の一部である）」と表現できる。

　第二次世界大戦後直後に，当時の中国政府たる中華民国・国民党政権と共産党との間の国共内戦が勃発した。1949年に共産党が中国大陸のほぼ全土を手中に収め，中華人民共和国政府を樹立する。中華民国政府は，第二次大戦終結に伴って日本から接収したばかりの台湾島へと落ち延びて命脈を保ち，周辺の付属島嶼や中国大陸沿岸の幾つかの島々へも実効統治を及ぼした。つまり，「中国政府」が，中国大陸と台湾に併存する状況が生まれたのである。

　中国大陸においては，革命によって成立した中華人民共和国政府が新たな中国正統政府であり，台湾にも革命を及ぼして「解放」し，その統治下に入れるべきだとされる。他方，台湾においては中華民国政府こそが存続し続ける中国正統政府であり，中国大陸は「反乱勢力」によって占拠された取り戻すべき失地ということになる。国号でも，People's Republic of China と Republic of China となる。中国正統政権を巡る国共内戦の延長が，一つの中国原則であり，この原則が中台対立の根本に在る。

2. 国際的枠組からの台湾脱落

　一つの中国原則により，国連をはじめとする国際機関における中国代表権を巡っても，中台は完全なゼロ・サムの関係となった。1970年代までは中華民国が中国代表権を有していたケースが多く，国連の安全保障理事会でも常任理事国の一つが中華民国であった。しかし，統治範囲の実情や国際的な実力を反

映し，国際世論は中華人民共和国支持に傾いていった。

　1971 年には，中華民国が国連から事実上の追放をされる事態に至る。その後は，ほとんどの国際機関からも中華民国は退場を余儀なくされ，中国イコール中華人民共和国，台湾イコール中華民国という図式が確定した。国際機関において，中国を代表し加入するのは中華人民共和国であり，中華民国による再加盟は認められない。また，台湾は中国の一部とされる以上，主権国家を資格要件とする場合には「台湾」名義での加盟は認められないし，主権国家を加盟資格要件としない場合でも，別名称を用いた上で，中国の承認が必要となることになった[5]。

　2 国間関係についても，一つの中国原則が適用された。中華人民共和国と国交を結ぶのであれば，そちらを唯一の中国合法・正統政府と認めたことを意味し，中華民国とは断交して国家承認を事実上取り消すことが要求される。また，中華人民共和国との国交樹立時には，台湾が中国の一部であることを何らかの表現で受容或いは尊重することも要求された。中国と台湾との問題は，原則として中国の国内問題であり他国は容喙しないという約束である。台湾問題が中国内政問題であるとの立場は，繰り返し主張される中国外交の基本原則である[6]。

　中華民国側も同じ原則で外交に臨んでいたが，やはり現実の力関係を反映して，中華人民共和国との国交を選択する国家が増え続け，中華民国との国交を保持する国家は減少の一途を辿った。1972 年には日本が，1979 年にはアメリカが，中華人民共和国と国交を樹立し，中華民国との国交を断絶した。中台双方と強い利害関係を持ち，東アジアの安定に大きな影響を有するこの 2 カ国が，中華民国の主権国家としての地位を否定し，中台関係は原則として中国内部の問題に帰すると認めたのである[7]。なお，近年中華民国と国交があるのは概ね 20 カ国程であり，国際的影響力の有る所謂大国は皆無である[8]。

3．中台紛争安全保障ガバナンスの難しさ

　中台共に一つの中国原則を掲げたことから，中台紛争は内政問題としており，問題の国際化を避けていた。その為，台湾が中華民国として国際社会で一定の力を保持した時代にも，中台関係をマネジメントする国際枠組は構築され

なかった。また，中国の国際社会における圧倒的優位が確定し，台湾の政治状況が変容（後述）した以降も，中国は問題の国際化を断固拒否する姿勢を貫いており，中国主導での国際枠組の構築も為されなかった。

今後，中台紛争を扱う安全保障ガバナンスの枠組を構築するのにも，大きな困難が存在する。台湾は，安全保障を取り扱う主要な国際機関や国際的枠組には参加しておらず，参加の可否は中国にコンロトールされる状況である。中台の国際的影響力の著しい非対称性及び中国の一貫した外交原則を鑑みると，台湾がこれらに復帰或いは新規加盟することが拒絶されるのは予想に難くない。

第2節　台湾の変容と中台のすれ違い

1. 中華民国の台湾化

中華民国は，一つの中国原則を掲げて中華人民共和国と争い，その結果として国際的に孤立を深めていった。他方で，孤立の深化と平行して，中華民国は中国国家ではなく，台湾社会に根ざした国家へと変容した[9]。この変容が，中台対立の基本的構図を変化させている。

戦後台湾の中華民国は，中国大陸時代と同様に蒋介石の国民党による一党支配が続き，長期戒厳令を施行し，新聞は発行制限と検閲が課され，新規政党結成は禁止され，中央レベルでの大部分の議員[10]改選の凍結（中国大陸各地選出議員の改選が不可能）といった，権威主義的な様相であった。中央レベルの議員，党・政府・軍の幹部といった政治エリート層は，大陸から中華民国政府と共に台湾に落ち延びた「外省人」によって独占され，再中国化以前から台湾に居住し人口の8割以上を占める「本省人」（台湾人）は，実質的に排除されていた。

1980年代に入り，蒋介石の息子である蒋経国総統（大統領）のイニシアティブにより徐々に改選議席が増やされ，党・政府・軍への本省人の登用も進み，戒厳令も解除された。1988年には蒋経国の死去に伴い，本省人の副総統出身の李登輝が総統に就任し，民主化を加速させ，1990年代初頭にはほぼ完全な自由民主主義体制が確立するに至った。

民主化された政体において反映されるのは，その社会の多数派の価値観や利益である。民主化後の中華民国政府の対中国政策は，当然の帰結として次項に述べる台湾社会主流の価値観や利益が色濃く反映したものへと変化した。

2. 台湾住民のアイデンティティ変容

本省人の9割以上は中国大陸の主流を占める漢族（一般的には中国人と同義）と民族的には同一である。時期や出身地域の違いは有れど，日本統治時代までに段階的に台湾に移入してきた漢族の子孫である。また，共産主義政権によって伝統文化が破壊された中国大陸よりも，古来の中国文化を継承してもいる。しかし，台湾住民は，中国大陸の人々とは異なる国家・民族アイデンティティを有するに至った。

日本統治時代の50年間に，台湾社会は中国大陸とは異なる歴史的・文化的な経路による近代化を経験しており，中国との「民族の共通記憶」が希薄である。更に，戦後の台湾に流入してきた「中国政府」と「中国人」による高圧的支配[11]の事実は，台湾は中国の一部であり，中国は祖国であるという一つの中国イデオロギーに対して疑念を抱かせるには充分であった。中華民国が台湾を支配するようになっても，日本統治時代以来，戦後間もない短期間を除けば，中国から切り離された実態は続いており，生活実感としても中国との一体感など生まれようもなかった。また，中国の共産主義政権への恐怖感は，国民党一党支配時代から庶民の間でも根強かったが，自由民主主義体制が確立してからはより一層強いものとなっている。このように台湾住民は，中国人とは別の国民・民族，台湾人であると考えるようになっていったのである。

図8-1は台湾住民のアイデンティティの推移を示したものである。ここでは，選挙世論調査に定評のある国立政治大学選挙研究センターのデータに依拠した。自らを「中国人」であると考える台湾住民は減少の一途を辿っており，3％台に過ぎない。他方で，「台湾人でもあり中国人でもある」（広義の中国人の中に台湾人も含まれる）という回答が以前は最多であったが，それも減少しつつある。ほぼ一貫して伸びている回答は「台湾人」であり，2014年時点では60％を超えている。

図 8-1　台湾人アイデンティティの推移

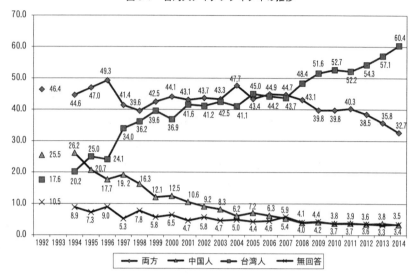

（資料）　国立政治大学選挙研究中心のデータより作成。

3. 台湾の求める中台の将来像

　上に見たように，台湾住民の意識は，自らを中国人とは別の台湾人として捉えるようになっている。この考え方は，中国との関係の将来像にも当然直結している。図 8-2 は，中国と統一すべきか否かについて問うた調査である（データソースは図 8-1 に同じ）。積極的に統一を望む「なるべく早く統一」の回答は 1％台で横這い状態であり，「現状維持後統一」も低下を続け，10％弱に落ち着いている。総じて，統一志向は低いといえる。

　他方で，「現状維持後決定」という判断保留は最多の 30％強であるが，近年は漸減傾向が見られ，代わって「現状維持後独立」が漸増し 20％に近付いている。なお，これらの「現状維持」回答群は，維持の期限が設定されておらず，100 年後か，或いは中国の共産党政権崩壊後かもしれない。従って，「現状維持後統一」も，近い将来の統一は望んでいないことになる。二番目に多いのは「永遠に現状維持」であり，これは独立宣言をしなくとも事実上の独立状態を維持し続けるという趣旨である。中国との武力紛争を高確率で招く「なる

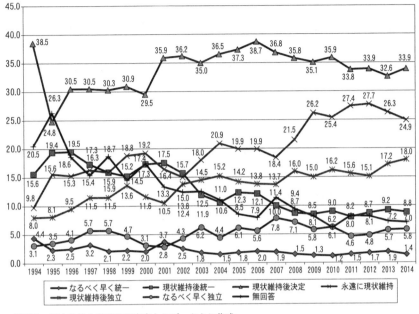

図8-2　中国との統一に対する考え

（資料）　国立政治大学選挙研究中心のデータより作成。

べく早く独立」は，横這いで6～4％台を行ったり来たりしている。台湾世論の90％以上の主流が，中国が望む近い将来での統一に関しては「NO」なのである。

台湾では，自由民主主義体制の確立以来，国民党（対中融和傾向）と民主進歩党（民進党，台湾独立志向）の2大政党の間による二度の政権交代と数次にわたる立法院（国会）選挙での政党配置の変動を経験してきた。しかし，何れの政権や政治勢力の配置状況においても，こうした台湾社会の主流意識を無視した対中姿勢は取り得ない。中華人民共和国との間で「一つの中国」の正統性を巡って争うゲームからは既に降りてしまっている[12]。また，中国との関係に関しては，国民党の馬英九のような非常に対中融和的と見られる政権であったとしても，その融和政策のロジックは統一の進展の為ではない。あくまでも，90年代から対中依存が進む経済貿易上のメリットや，強大な中国からの

軍事的緊張の緩和ということに終始している。台湾人の描く中台関係の将来像は，中台双方が同じ「一つの中国」を信奉していた頃とは全く異なっている。台湾は，独自の国家としての主体性を獲得しようとしている。中台対立の軸は，最早中国ナショナリズムを巡る正統性争いではなくなり，台湾回収を望む中国ナショナリズムと，台湾としての主体性を求める台湾ナショナリズムとの衝突へ大きく変質したのである。

第3節　台頭しぶつかり合うナショナリズム

1. グローバル時代の東アジアとナショナリズム

グローバル化の時代は，必ずしもナショナリズムの融解と希薄化をもたらすとは限らない。東アジアでは，グローバル化の潮流の中でむしろナショナリズムが高まっている。中国ナショナリズムと台湾ナショナリズムとの衝突も，この流れの中で生じた現象である。

中国は，グローバル経済の中での急成長を背景に自信を深めつつあり，軍事力を強化して海洋進出を強めている。東シナ海と南シナ海の双方で領土・領海に関して，周辺諸国に対する強硬な姿勢が目立ち始めている。ナショナリズムの勃興期であるといえよう。こうした姿勢は，ポスト・ナショナリズム期に在るかに見えた日本のナショナリズムを復活させ，大中国ナショナリズムとの境界が曖昧であり，ナショナリズムが発展途上であった中華帝国辺境の台湾と香港の独自のナショナリズムを凝集させる作用を及ぼした。発展段階の異なる「異時代国家群」[13] の接触がもたらした化学反応である。

2. グローバル化が励起する台湾ナショナリズム

グローバル化に付きもののカネ・ヒト・モノの流れの活性化がナショナリズムを刺激している側面が有る。台湾の中国への経済依存は高く，輸出では2013年数値で約40％もの依存である[14]。これが「呑み込まれる恐怖」を生む。2014年3月には，中国とのスムーズな貿易・投資環境を整備し，中国資本の受け入れを拡大するためのサービス貿易協定締結を巡って，学生による大

規模な抗議活動（ヒマワリ学生運動）が繰り広げられ，世論の広範な支持を受けつつ 3 週間以上もの間立法院が占拠される事態となった。また，中国人観光客の大幅な増加は，両者の文化的違いや民度の違いを実体験させることとなり，台湾人の中国に対する親近感を育むどころか，嫌悪感を招いている。

対中融和を積極的に進めた馬英九政権は，経済的なメリットによる財界からの支持は受けつつも，一般支持率は低迷し，世論調査によっては 10％を下回る状況にまで陥った。そして，2014 年 11 月の統一地方選挙では，国民党は未曾有の大敗を喫し，県及び大規模市の首長ポストの 3 分の 2 を民進党及び同系の無所属に奪われたばかりでなく，首長全体得票率と県・市議会得票率でも史上初めて民進党を下回った。経済合理的な対中融和策を，台湾ナショナリズムが牽制した構図である[15]。

おわりに

以上見てきたように，中台関係のマネジメントは，グローバル・ガバナンスの範疇に収まりにくい事象である。しかし，皮肉なことに，グローバル化の進展に伴って中台双方のナショナリズムは共起し，互いにボリュームを高めながら不協和音を奏でている。馬英九政権の対中融和姿勢が奏功し，中台の紛争の可能性が低下するかにも思われたが，結局のところ将来像を巡って両者は同床異夢であり，きっかけがあれば矛盾は噴出する。

独自のアイデンティティを確立しナショナリズムに目覚めつつある台湾人は，自分たちの国家を持ち続けようとするであろう。他方で中国も，深まる自信と高まるプライドを背景としたナショナリズムは強まり，台湾併呑を諦めることはないであろう。中台で武力行使を伴う紛争が起きる可能性は残り続ける。一旦起きれば，渦中にはアメリカと日本も否応なしに巻き込まれよう。また紛争の結末として，中国が勝利しても敗北しても，現行の東アジアのパワーバランスは大きく変動することになり，新たな秩序が定着するまで不安定な状況となる。東アジアで営々と築き上げた経済的繁栄が無に帰することさえ有り得るシナリオである。

中台武力紛争を未然に防ぐ為の安全保障ガバナンスの構築が待たれる。内戦問題を処理した実績の有る，OSCE（欧州安全保障協力機構）やARF（ASEAN地域フォーラム）の手法も参考になろう。台湾問題を国際的な議題として取り上げ，台湾を主権国家として扱うかどうかは棚上げにし，「紛争当事者」としてメンバーに加えるのである。しかし，その為には，台湾問題を純然たる内政問題であると主張する中国の説得が最重要な鍵となる。道のりは遙かに遠い。

注
1) 安全保障ガバナンスについては，山本（2011）を参照のこと。
2) 日本語では中台関係だが，中台双方の漢字表記では「両岸関係」が一般的である。一つの中国下の台湾海峡両岸の関係を含意する。
3) アメリカ国内法の「台湾関係法」によって，中台紛争へのアメリカの関与が規定される。アメリカは台湾の防衛に必要な兵器を供給する他，平和的な手段以外での台湾の将来の決定や台湾の人民と社会経済制度への危害・脅威に対しては，アメリカ政府は重大な関心を持ち，適切な行動を決定するとしている。つまり，中台紛争への武力介入をも選択肢としている（条文は外務省アジア局中国課（2008），880-887ページ）。
4) 一つの中国原則の詳細と形成過程については，福田（2013）を参照のこと。
5) 台湾の国際機関への参加問題の詳細については，竹内（2011）第1章及び竹内（2012）を参照のこと。
6) 例えば，「米中共同宣言（第一次上海コミュニケ）」（1978年），『一個中国的原則與台湾問題』白皮書」（2000年）等で，内政問題である旨が強調されている。
7) 注2）で説明しているように，アメリカは台湾関係法に基づいて，台湾問題への関与は完全には放棄していない。これは，台湾との断交時に代償的に構築した安全保障メカニズムである。
8) 但し，中国共産党の宗教弾圧が理由で，バチカン市国は依然として中華民国との国交を維持している。
9) 中国大の国家が台湾大に変容する詳細は，若林（2008）を参照のこと。
10) 中華民国では国会に当たるものが複数存在した。立法院，監察院，国民代表大会であり，国民によって選挙される構成員をまとめて「中央レベルの議員」と表現した。原語では「中央民意代表」と呼ばれる。
11) 最も象徴的な事例としては，1947年の二二八事件がある。ハイパーインフレなどの失政や台湾人蔑視政策などが重なって起きた，全島規模での反政府蜂起であり，徹底的な武力弾圧と白色テロが実施された。少なくとも3万人近い台湾市民が犠牲になっている。
12) 李登輝以来の対中政策の変遷については，井尻（2013）を参照のこと。
13) 異時代国家群の概念については，古田（2005）より。
14) 中華民国財政部進出口統計資料より。
15) 内政面での失策が重なり，それを対中政策でカバーしようとしたことが不人気を加速させた。また，ヒマワリ学生運動に引き続き香港で発生した民主化運動「雨傘革命」への，中国当局の強硬姿勢が対中悪感情や恐怖感をいや増したこともあろう。

参考文献

井尻秀憲（2013）『激流に立つ台湾政治外交』ミネルヴァ書房。
国立政治大学選挙研究中心資料庫（http://esc.nccu.edu.tw/course/ news.php?class＝201），最終アクセス日 2014 年 12 月 10 日。
外務省アジア局中国課監修（2008）『日中関係基本資料集―1972 年‐2008 年』霞山会（英語原文はアメリカ合衆国政府印刷局公開のもの。以下の URL。http://www.gpo.gov/fdsys/pkg/STATUTE-93/pdf/STATUTE-93-Pg14.pdf?）。
竹内孝之（2011）『台湾，香港と東アジア地域主義』アジア経済研究所。
竹内孝之（2012）「中国との関係改善と台湾の国際社会への参加」小笠原欣幸・佐藤幸人編（2012），『馬英九再選』アジア経済研究所。
中華民国財政部進出口統計資料（http://www.mof.gov.tw/lp.asp?ctNode＝2725 &CtUnit＝573&BaseDSD＝7），最終アクセス日 2014 年 12 月 10 日。
福田円（2013）『中国外交と台湾』慶應義塾大学出版会。
古田博司（2005）『東アジア「反日」トライアングル』文藝春秋社。
山本吉宣（2011）「新興国の台頭と安全保障ガバナンス」国際問題研究所編『新興国の台頭とグローバルガバナンスの将来（外務省国際問題調査研究・提言事業報告書）』国際問題研究所。
若林正丈（2008）『台湾の政治』東京大学出版会。

（渡辺　剛）

第 9 章

国連の人道活動におけるアカウンタビリティー
―法の支配と人権に基づく新たな取組み―

はじめに

　法の支配は，国連の任務遂行のための中核的概念である。それは，国際および国内レベルにおいて，すべての人，国家，組織が法に従い，国際人権規範を遵守するといったガバナンスの原則に関連する。また，法の支配は，法の優越，法の前の平等，アカウンタビリティー，公平性，透明性等の確保のための措置を要請する[1]。冷戦終結後，1国内で国際機関の活動が増加するにつれ，プロジェクトの正当性のみならず援助に関わる国際機関内の権限に合致しているか，構成員の行動が内部法のみならず国際法，国内法を遵守したものであるか等の問題が，国際社会で注目を浴びることとなった。人道活動は，国際機関，国家，NGO等多主体間の連携が不可欠であり，その中でどのように人権を保護するのか，活動の正当性をどのように確保するのかといった観点からアカウンタビリティーが重要視されるようになった。さらに，近年，安全保障理事会の決議により展開する平和維持活動や強制措置の活動の中で，武力紛争下の文民の保護が任務として注目されるようになったこと，併せて，移行期正義とのかかわりで，アカウンタビリティーが注目されるようになった点も指摘できる。

　本章では，初めに，人道活動を統合・調整する国連の機能について，改革の経緯を概観した後，特に機関間常設委員会（IASC）の任務に着目する。次に，その国連システムの下で，アカウンタビリティーの確保がどのように行われているかを，人道活動に関わる多主体間関係と対私人とを区別して考察を行うこととする。最後に，本章で考察したことが，国際法秩序の中でどのように位置

づけられるのかを論じることとする。

第1節　国連事務局の統合・調整機能

1. 国連の人道秩序の改革

　1991年，国連総会決議46/182「国際連合人道緊急援助の調整の強化」が採択された。当該決議において，緊急援助の調整強化の具体的方針として，急速かつ一貫した対応を確保するために事務総長の指導的役割を強化し，緊急援助調整官（ERC）・IASC・統一アピールプロセス（CAP）・中央緊急回転基金（CERF）の4つのメカニズムが新たに設置された。そして，これらを運用するにあたり，1992年，国連災害救援調整官事務所（UNDRO）を統合した人道問題局（DHA）が設立され，人道問題担当事務局次長がその長となり，ERCを兼務することとなった。こうした人道緊急援助の調整強化の背景には，冷戦終結後の内戦の多発とその影響で苦境にあえぐ国内避難民の増加に対し国際社会が援助を行う正当性の確保，また実効的援助システムの確立が急務となったことが挙げられる。

　1997年，当時の事務総長コフィ・アナンは，「国連を刷新する―改革の計画」を発表し，国連の普遍性および包括性をいかし，活動の統一性，一貫性，緊急対応力強化のため，規範の発展と制度改革に着手し，法の支配による制度改革を目指した[2]。ここに掲げられた方針に従い，国連事務局の制度改革が行われ，DHAに代わり人道問題調整事務所（OCHA）が設立された。2005年，事務総長は，国際人道対応システムにさらなる権限の明確性，アカウンタビリティー，パートナーシップを確保するため，人道分野の改革を実施し，その主要なものとして，あらかじめ関連諸機関間の活動領域の主導機関を任命して，緊急事態発生時の迅速な対応と活動の重複や欠落を防ぐことを目的とするクラスターアプローチを導入したことが挙げられる[3]。

2. IASCの任務

　IASCは，国連機関と国連以外の人道機関からなる調整，政策開発および意

思決定のための機関間フォーラムであり，9つの国際機関からなる構成員と，9つの国際機関およびNGOsからなる常任招請員で構成されている[4]。総会決議48/57において，IASCがERCの下で，機関間調整の一義的メカニズムとして任を果たすべきであると，その役割の重要性が確認されている。

IASCの全般的な目的は，影響を受ける人々（Affected People/Populations 以下，APと略す）の保護を含む人道援助の改善であり，複合的かつ重大な緊急事態におけるIASCの主要な目的は以下のとおりである。① システム全体の人道政策の開発と合意形成，② 人道プログラムにおける機関間の責任配分，③ すべての人道活動に関する共通の倫理枠組みの開発と合意形成，④ IASC以外の団体に対する共通人道原則の唱道，⑤ 関連法体系（例えば，国際人権法，国際人道法および難民法）の条文および精神に従った個人の権利の十分な尊重の唱道，⑥ 権限のギャップまたはオペレーション上の能力の欠如がある分野の同定と対応，⑦ システム全体の人道問題に関する人道機関の紛争または見解の相違の解決。このように，IASCは，国際法に基づく規範生成および政策決定を通じた人道機関間の活動の統合および調整を図っている。

意思決定に関しては，原則的にコンセンサス方式で執り行う。IASC行政事務局は，定期的に決定の履行を監視し，年1回，前年度の活動をIASC作業部会（IASC−WG）に報告する。構成員は，合意された決定を履行し，発生している問題の顕著な進捗状況を定期的に事務局に報告する責任を有する。IASCは6カ月ごと，IASC-WGは，2カ月ごとに会合を開き，年1回，1年間の作業計画合意のための会合を開く。IASC-WGは，政策の選別や勧告を提示する役割を担うが，IASCの要請に基づき特定の政策や運用ガイドラインの開発を支援するタスクフォースを設立しテーマ別に対応を協議している[5]。

第2節　人道活動におけるアカウンタビリティー

1. アカウンタビリティーの概念

国連は，国家，国連内の機関間，他の国際機関，NGO，企業，市民社会と

のネットワークを広めるとともに，本来国内の1機関が担う権限を，他のアクターに委譲した形で事業展開を推進している。このような分権化の一方で，権限・設立目的の異なるアクターとのパートナーシップによる事業展開において，その活動を国連の目的達成のために統一していくシステム構築とその合法性および正当性の確保が問われることとなる。そこで，重要視されているのが，アカウンタビリティーである[6]。国連のパートナーシップ事業においては，「誰が」についてだけでも多岐にわたる。第一に加盟国が国連に権限を委譲しているので，この両者間でアカウンタビリティーが問われる。次に国連内部においては，上位機関と下部機関の関係が考慮される。各機関においては，本部，地域事務所，現地駐在事務所の関係において，また，各事務所，部局，課などの単位においてもアカウンタビリティーが問われる。国連がオペレーションを展開する場合には，国連と外部との関係が問題となる。オペレーションを受け入れる領域国，自治体との関係，パートナーと協働する場合は，パートナーとなる他の国際機関，NGO，企業，市民社会との関係においてアカウンタビリティーが問われることになる[7]。国際機構の責任（responsibility）および責務（liability）に基づく伝統的な国際法の概念だけに立脚していては，これらの関係を組織化する制度を理解するのは難しい。

　国際法協会（ILA）の国際機関のアカウンタビリティー委員会は，すべての国際機関の共通の目的・原則・概念として，①グッドガバナンス（透明性・参加型意思決定過程・情報アクセス・十分機能する国際行政事務・健全な財政管理・報告と評価），②信義誠実，③合憲性と機構間のバランス，④監督および統制，⑤決定または活動根拠の表明，⑥手続的定式化，⑦客観性と公平性，⑧相当の注意義務を掲げている[8]。加えて，ますます，国家共通の憲法上の慣例の表明となってきている人権義務は，設立文書上の規定を通して，慣習国際法として，または法の一般原則としてもしくは国際機関が人権条約の当事者となることが許可されている場合というような異なる方法で，国際機関に課されうる。武力行使，領域の暫定行政，強制措置，平和維持または平和執行活動の着手に関する決定およびその履行にあたり，国際機関は，基本的人権義務および適用可能な国際人道法の原則および規則を遵守すべきであるとしている[9]。

また，国連総会決議 64/259「国連事務局のアカウンタビリティーシステムに向けて」では，アカウンタビリティーを以下のように定義している。

アカウンタビリティーは，時宜を得た費用対効果のある様式で，目的および高品質の結果を達成することである。このことは，すべての決議，細則 (regulation)，規則および倫理基準を遵守して，国連政府間機関およびそれらが設立した下部機関によって許可された事務局のすべての権限に関する十分な履行および実施においてなされる。つまり，誠実で，客観的，正確かつ時宜を得た実施結果の報告，基金及び財源の責務，報酬および制裁の明確に定義されたシステムを含むすべての実施措置，監視機関の重要な役割に対する相当の承認，および受諾した勧告の十分な遵守を含む10)。

国際機構のアカウンタビリティーは，慣習法，条約のみならず，決議や諸規則等に基づき多様な遵守システムを導入して活動の正当性を確保する法制度ととらえることができる。

2. 多主体間関係のアカウンタビリティー

ここでは，多主体の協働による人道活動に従事する場合の，国際機関間関係，加盟国との関係，NGO との関係の3つの関係性におけるアカウンタビリティーの基礎となる法規範構造を概観しよう。

国際法委員会 (ILC) の「国際機構の責任」第二読条文草案の2条 (b) 項では，国際機構の規則について次のように規定している。

「「機構の規則」とは，特に，設立文書，設立文書に従って採択された決定，決議及びその他の行為並びに機構の確立した慣行をいう。」

決定，決議およびその他の行為は法的拘束力の有無にかかわらず，機構の設立文書に従い，内部組織 (organ) または機関 (agent) に機能を与える限り関連する。この定義の重要な特徴は，慣行に重点が置かれていることである。このことは，設立文書に掲げられ形式的に機構の構成員に受容された規則と，他方で，制度として発展するための機構の必要性の間のバランスをとろうとしていることを示している。また，ある国際機構に関連するすべての規則が，同一レベルにおかれているのではない。明示的にまたは黙示的に，規則の異なる

種類の間のヒエラルキーが存在する。例えば，国際機構によって採択された行為は，一般的に設立文書から逸脱することはできない[11]。

国連事務局の一部であるIASCの場合，設立文書たる国連憲章，総会決議46/182，および他の決議，IASC内の規則，機関間協定および合意文書，さらに，ガイドライン等の政策の基盤となる諸規範も含まれると考えられる。

加盟国との関係については，一義的に設立文書，加えて機構の規則，一般国際法規則および機構と当事国を拘束する協定が適用される。国際機構と他の国際機構及び非加盟国との関係については，一般国際法および当事者間を拘束する協定が適用される。

各国際機関のインプリメンテーションパートナーNGOとの関係は，各国際機関における契約が基本であり，契約時に各国際機関の作成したガイドラインの遵守を確認することになっている。NGOがガイドライン不遵守の場合は，契約解除等の措置がとられる[12]。IASCについては，NGOに対し，IASCの政策決定や規範の策定に参加する権利や責務を与えている。

3. 私人に対するアカウンタビリティー

人道援助の受益者の利益の確保は，国連の究極の目的達成のために目指すべきところではあろうが，国連は政府間機構であり，政府を補完する活動を行うのが基本となっている。アカウンタビリティーを論ずる場合，権限委譲と責任の問責者がだれなのか，その2者間の関係はどのような基準と手続で管理されているかが重要となる。国連の現場での活動も，基本的に領域国の要請により了解覚書の内容に即して活動がなされる。国連は，その権限を，機関間，NGO，企業，市民社会に委譲して現場活動を展開している。通常この関係性と規律の基準と手続の中でのみ管理が働くのであって，受益者の利益の考慮は各国政府のめざすところでもあり，国連の目的達成の一環ともなるが，直接契約がない場合は，アカウンタビリティーメカニズムの一環としての手続上反映されないと考えられてきた。このことは，国際社会が主権国家を基本とする構造であることの反映ともいえよう。

しかし，人道活動に関わる様々な法規範は人権の保護のために策定されている。領域国が人権保護の意思・能力を欠き，その最終目的に向かい国際機関が

補完的に活動する場合，人道活動において AP に対するアカウンタビリティーシステムの構築が模索され始めた。開発分野においても，様々なアカウンタビリティーシステムが導入されており，ここでは，先例である世界銀行のインスペクションパネルを概観した後，IASC の取組みの現状を紹介し，その特徴と課題を論ずる。

インスペクションパネル創設の発端は，世界銀行の融資によるプロジェクトが生活，文化，自然破壊等につながるとする地域住民および NGO 等の反対運動であった。独立調査委員会および内部評価を受けて，1993 年インスペクションパネル創設の決議が採択され，1994 年から活動を開始した。インスペクションパネルは，3 人の独立した専門家によって構成される。任務は，世界銀行の政策等の不遵守がプロジェクトによる被害またはそのおそれにつながっているという申立を調査することである。対象となる政策は，非自発的移住，環境アセスメント，自然生息地，先住民族等で，国際人権法や環境法といった国際法から着想を得たガイドライン等の規範を根拠としている。手続は，適格性審査と調査の 2 段階にわかれる。パネルは申立の受理可能性を審査し，受理可能な場合，世界銀行事務局と理事会に通知する。事務局が 21 日以内に申立内容につきパネルに返答した後にパネルが適格審査を行う。パネルは 21 日以内に調査をすべきか否かを理事会に勧告し，理事会が調査の可否を決定する。調査段階では，パネルが調査を行い，調査結果と勧告を理事会に付託する。理事会は，パネルの報告と事務局からの返答を考慮し，最終的な決定を行う。この制度は，国家のみならず，私人が国家の帰属にかかわりなく直接国際機関の制度の主体となることを可能にするという，国際法規範の変容を示している[13]との見解があり注目されている。

では，次に IASC の取組みをみてみよう。AP に対するアカウンタビリティーに関する作業部会は，スフィア最低基準および HAP2010 などを参照し，多様な主体との協働作業を通じて活動枠組み草案を編集した。この枠組みの補完として，IASC の各機関の代表は，2011 年 12 月にアカウンタビリティーコミットメントを承認した。当該文書は，AP に対するアカウンタビリティーの広範な教義についての共通の理解の確立を目的とし，政策，指針文書および実行への統合を意図しており，リーダーシップ／ガバナンス，透明性，フィードバック・不服

申立，参加，立案・監視・評価の5つのコミットメントを掲げ，オペレーショナルフレームワークを提示している。

さらに，IASC は，2012 年 7 月に AP に対するアカウンタビリティーに関するタスクフォース（AAP）を創設した。AAP の目的は，AP に対するアカウンタビリティーコミットメントの履行を進め，活動枠組みをさらに発展させ発信することである。その後，2014 年 1 月に APP と性的搾取および虐待の防止（PSEA）タスクフォースの2つのタスクチームは1つのチームに改組され，性的搾取および虐待からの保護を含む AP に対するアカウンタビリティーに関する IASC タスクチーム（AAP/PSEA）となった。その理由として，人道要員による AP の性的搾取および虐待は，人道活動の対象者に対するアカウンタビリティーの最も基本的な失敗の1つであり，いったん人道要員による性的搾取および虐待が起こると，すべての人道機関および要員の信望が危うくなるためである。IASC の各機関の代表は，人道要員による性的搾取および虐待の防止および対応が機関内および現場での集団的活動全体の最優先事項であることに合意している。2003 年に事務総長ブリテン「性的搾取および性的虐待からの保護に関する特別措置（ST/SGB/2003/13）」が発布され，女性の保護やジェンダーに関連する多くのガイドライン等が制定され規範的発展をみたものの，実効的な履行確保の措置の発展が課題であった。この新たな対応は，ジェンダーアプローチを体系的に採用し，すべてのコミュニティのダイバーシティーと多様なニーズを認め，適切に対応することを確保すると考えられたのである。こうした改革の背景には，安全保障理事会における「女性・平和・安全保障」の議論，女性に関する規範の発展，ジェンダーの主流化など，国際社会のジェンダー問題への取組みの進展がある。

AAP/PSEA は，国連難民高等弁務官事務所とアクションエイドインターナショナルの共同議長となっており，すべての人道機関が参加できるようになっている。全体会合は2カ月に1度開催され，意思決定はコンセンサス方式を基本としている。任務は，①エチオピア，ハイチおよびコンゴ民主共和国におけるコミュニティベースの機関間不服申立メカニズムの導入，② AAP/PSEA の制度化に向けた体系的機関間モデルを開発するための人道カントリーチームへの支援および協働，③確実に AAP/PSEA を各政策において具現化するこ

と、④AAPアジェンダの進展にドナーがその役割を発揮できるようにすること、⑤すべての人道支援従事者がAAP/PSEAに関する役割と責任を認識するためのより広範なコミュニケーション戦略の開発および分野を超えたAAP/PSEAのグッドプラクティスの構築および補完のためのセクター全体の情報管理源の確立[14]である。

APに対するアカウンタビリティーに関する制度化は、緒に就いたばかりで、世界銀行のインスペクションパネルのような制度的発展にはいまだいたっていない。世界銀行の場合は、あくまで世界銀行の任務を対象としているが、IASCは多様な主体の共通のシステムを模索しており、権限範囲の異なる機関間の調整が問題となろう。また、世界銀行がとりくむ問題は、集団で声を上げることや客観的事実の立証・調査も可能である。しかし性的搾取および虐待といった問題は、センシティブで、問題の顕在化や立証・調査が難しく、課題が多いと思われる。ただ、法の支配の促進と人権侵害を受けた人々の救済のための改革の一つといえよう。

おわりに

本章で考察した多主体間の活動の調整および一貫性の強化のための制度改革は、国際法規範を基盤とした重層的な規範群に立脚したアカウンタビリティー概念を導入して諸活動の正当性を確保し、国際社会の変容にあわせて動態的に統合をめざすものといえる。また、APをアカウンタビリティーシステムの主体とした制度構築の模索も、脆弱な立場におかれる人々を含むすべての人に対する法の支配の課題克服を目指す1つの取り組みと考えられる[15]。世界銀行のインスペクションパネルが注目されるように、人道分野における新たなシステムの模索が、国際法秩序そのものに影響を与えるものとして形成されていくのか、今後の動向が注目される。

注
1) See, S/2004/616.
2) See, A/51/950.

3) See, A/60/87-E/2005/78;http://www.ocha.org/what-we-do/coodination-tools/cluster-coordinations (12 Sep 2014)
4) See, http://www.humanitarianinfo.org/iasc/pageloader.aspx?page=content-about-default (08 Sep 2014)

構成員	常任招請員
国連人道問題調整事務所（OCHA）	国連人権高等弁務官事務所（OHCHR）
国連食糧農業機関（FAO）	世界銀行（WB）
国連開発計画（UNDP）	国内避難民の権利に関する特別報告者
国連人口基金（UNFPA）	（SR on HR of IDPs）
国連人間居住計画（UNHABITAT）	国際移住機関（IOM）
国連難民高等弁務官事務所（UNHCR）	国際赤十字委員会（ICRC）
国連児童基金（UNICEF）	国際赤十字・赤新月社連盟（IFRC）
世界食糧計画（WFP）	ボランティア団体国際評議会（ICVA）
世界保健機関（WHO）	人道対応評議委員会（SCHR）
	インターアクション（Inter Action）

5) See, IASC and IASC-WG, Concise Terms of Reference and Action Procedures, 1998.
6) 植木俊哉（2006）「国際機構のアカウンタビリティーと国際法―国際機構をめぐる紛争に関する一考察」島田征夫・杉山晋輔・林司宣編『国際紛争の多様化と法的処理　栗山尚一先生・山田中正先生古稀記念論集』信山社　189-206 ページ参照。
7) See, ILA Berlin Conference (2004) Accountability of International Organisations Final Report, pp.5-6.
8) See, *Ibid.*, pp.8-15.
9) See, *Ibid.*, pp.22-25.
10) A/RES/64/259, para.8.
11) See, A/66/10, pp.73-80.
12) See, ILA Report, *op.cit.*, pp.184-190.
13) See, Ellen Hey (2013), "The World Bank Inspection Panel and the Development of International Law," Nerina Boschiero, Tullio Scovazzi, Cesare Pitea and Chists Ragni eds., *International Courts and the Development of International Law*, Springer, pp.727-738.
14) See, http://www.humanitarianinfo.org/iasc/pageloader.aspx?page=content-subsidi-common-default&sb=90 (12 Nov 2014); Accountability to Affected Populations, including Protection from Sexual Exploitation and Abuse Task Team Terms of Reference (21 Jan 2014).
15) See, A/66/749, A/69/181.

参考文献

川村真理（2013）「国連人道問題調整事務所の機能と組織化―統合・調整機能とその正当性―」坂元茂樹・薬師寺公夫編著『普遍的国際社会への法の挑戦　芹田健太郎先生古稀記念』信山社、565-602 ページ。
清水奈々子（2011）『冷戦後の国連安全保障体制と文民の保護』日本経済評論社。
松本悟編（2003）『被害住民が問う開発援助の責任　インスペクションパネルと異議申し立て』築地書館。
Wouters, Jan, Brems, Eva, Smis, Stefaan and Schmitt, Pierre eds. (2010), *Accountability for Human Rights Violations by International Organisations*, Intersenia.

Genser, Jared, Ugarte, Bruno Stagno eds. (2014), *The United Nations Security Council in the Age of Human Rights*, Cambridge.

（川村真理）

第3部
グローバリゼーションと企業倫理

第 10 章

EU におけるコーポレート・ガバナンス
―「遵守か説明か」原則に注目して―

はじめに

　コーポレート・ガバナンスについて多くの議論が交わされてきたが，さまざまなガバナンス施策の有効性を評価する作業は容易ではない。その際，法制度はどの程度企業活動を拘束すべきなのかも難しい問題である。効果的なエンフォースメント[1]のレベルは，企業行動の公正さを保つものであると同時に，効率性の面でも柔軟さを大きく阻害してはならないものである。今日，企業活動のグローバル化や機関投資家の世界的な影響力の増大を背景に，各国におけるコーポレート・ガバナンスのエンフォースメントのあり方はなお重要な課題である。

　この問題について，国々のハードローとソフトロー[2]はいわばどのようにコーポレート・ガバナンスに「介入」しているのであろうか。アメリカでは，エンロン事件やリーマンショックの際に緊急措置としてハードローによる対応が強化されたが，平時において主要な州会社法の経営への制約は必ずしも厳しくなく，証券取引所の上場規則や証券取引委員会（SEC）による規律や監督が重視されてきた。

　一方，欧州では，EU（European Union）のコーポレート・ガバナンスの枠組みにみるように，EU 法[3]としての指令（directive）を中心とするハードローと，コーポレート・ガバナンス原則（code）を中心とするソフトローの組み合わせに基づいている。指令については，欧州委員会によって提案された法案が採択されると加盟各国がそれぞれその内容について法制化を行う必要がある。またソフトローについては，加盟各国において策定されたコーポレー

ト・ガバナンス原則に対して「遵守か説明か」(comply or explain) 原則[4]が適用されており，上場企業等の対象企業は原則から離脱する場合にはその理由を説明しなければならない。このようにソフトローはハードローを補完する形で作用し，またソフトローはそれ自体の柔軟性を有する仕組みを採用している。

本章では，EU のコーポレート・ガバナンスにおけるソフトローの活用に目を向け，エンフォースメントの仕組みとしての「遵守か説明か」原則の意義や課題を検討することにしたい。同原則は一般に企業行動の柔軟性に配慮しつつ，情報開示の拡充を促進させた効果が強調されているが，一方で開示された内容の質について問題視される向きもある。本章では，同原則の運用面での改善について議論されている EU の動きを視野に入れながらこの問題を明らかにしたいと考える。

その際の本章の問題意識は以下の諸点にある。第1に，2000年代以降，コーポレート・ガバナンスに関わる EU 規制の進展とともに，加盟国のコーポレート・ガバナンスの収斂部分に注目していくことが重要な作業となる点を意識している。欧州主要諸国における個々の国々のコーポレート・ガバナンスの差異を眺める視点も重要であるが，本章は調和化が進む域内単一市場の動向に目を向ける。多くの加盟国を抱える EU が採用する法制度は，EU 以外の国々が参考にすべきところが少なくない。

第2に，ハードローを補完するソフトローの役割を具体的に考える上で，コーポレート・ガバナンス原則のエンフォースメントの仕組みとして「遵守か説明か」原則の有効性を検討する。とりわけ，コーポレート・ガバナンス原則の活用についてイギリスの仕組みが EU に拡大していった経緯を明らかにし，現在の日本の動向に対して示唆を与えたい。これまで「遵守か説明か」原則そのものの性質についてあまり論じられていないように思われる[5]。

第1節では，イギリスのコーポレート・ガバナンス改革の経験が EU 全体のルールに採用された経緯を明らかにし，第2節では，「遵守か説明か」原則の意義や課題を考察する。第3節では，このルールのさらなる活用のために必要な条件について述べていく。

第 10 章　EU におけるコーポレート・ガバナンス　117

第 1 節　EU におけるコーポレート・ガバナンスの取り組み

1. コーポレート・ガバナンスに関する政策的議論

　ここでは 2000 年代以降の EU のコーポレート・ガバナンスの取り組みを概観し，EU 法を通じたコーポレート・ガバナンスの収斂が進められた状況を眺めていきたい。とりわけ，ソフトローとしてのコーポレート・ガバナンス原則の活用に注目し，そのエンフォースメントの仕組みとして，EU の指令によって「遵守か説明か」原則が導入された経緯を明らかにする。この「遵守か説明か」原則は，1990 年代のイギリスのコーポレート・ガバナンス改革で用いられたことで注目され，いくつかの欧州諸国において普及し，EU のルールとして採用されることになった。この「遵守か説明か」原則については，コーポレート・ガバナンス原則で示されたベスト・プラクティスからの離脱も認めることで，企業の対応を 1 つの形に強制させることなく，柔軟性をもたせるメリットが注目されてきた。

　イギリスのコーポレート・ガバナンス原則は，よく知られるようにキャドベリー委員会を嚆矢とする活動をもとに，1998 年に「統合規範」（Combined Code）としてまとめられ，以降，数年に一度の改定を経ながら，2010 年には "UK Corporate Governance Code" に名称が変更され現在に至っている。このコーポレート・ガバナンス原則に対する「遵守か説明か」原則の適用がロンドン証券取引所の上場規則となっており，上場企業はコーポレート・ガバナンス原則への遵守状況を開示していくことが義務付けられている。具体的には，取締役会，取締役報酬，アカウンタビリティと監査，株主との関係に関するさまざまな条項（provision）に対して遵守状況を明らかにし，遵守していない場合には，その理由を説明しなければならないとするものである[6]。

　一方，欧州主要諸国での対応として，ドイツでは 2002 年に政府委員会が「ドイツ・コーポレート・ガバナンス原則」（Deutscher Corporate Governance Kodex）を公表した。同規範はそれ自体に強制力はないが，実効性を高めるために新たな法律（TransPuG）が制定され，株式法のもとで

「遵守か説明か」原則を義務付けた[7]。フランスでは民間団体の報告書[8]に基づいてコーポレート・ガバナンス原則が作成され，法的拘束力をもつものではなかったが，主要な企業がそれらの勧告を受け入れた。このように，イギリスの経験を他の欧州主要諸国が取り入れながら，その動静を眺めた欧州委員会がEUレベルの仕組みとして採用についての議論を開始した[9]。

2002年1月に，欧州委員会（European Commission）はEU15カ国のコーポレート・ガバナンスおよびコーポレート・ガバナンス原則について詳細な調査を公表した（European Commission, 2002）[10]。それによれば，すでに多くの国が様々な機関によって策定されたコーポレート・ガバナンス原則を有していたが，多くは強制力のないボランタリーな規範として位置し，この時期に「遵守か説明か」原則が適用されたのはイギリスとドイツのみであった。またこの報告書においては，ソフトローとしてのコーポレート・ガバナンス原則の役割について，会社に対してはコーポレート・ガバナンスの基準（standard）を奨励し，投資家へはガバナンスの法的要請や慣行を説明し，経営陣にはガバナンスのベンチマークとして用いられうるものであるとし，さらに証券規制や会社法改正のための根拠を提供するものとなると特徴づけた。

2003年5月には，欧州委員会はコミュニケーションとして「EUにおける会社法の現代化とコーポレート・ガバナンスの強化－前進のための計画」を公表した（European Commission, 2003）。コミュニケーションとは欧州委員会が推進していく政策文書であり，この中に具体的なアクションプランが示されている。そこではコーポレート・ガバナンスに関わる課題事項が短期，中期，長期に区分され，それぞれの分野ごとに施策を講じることになった。そのうち短期課題の1つとして「遵守か説明か」原則を採用する提案も含まれていたが，議論の場として「欧州コーポレート・ガバナンス・フォーラム（European Corporate Governance Forum）」（以下，フォーラムと呼ぶ）の設置が提案され，2004年10月に発足した。このフォーラムにおいては構成国間の調整の役割が担われ，構成国のコーポレート・ガバナンスの実態を確認し，欧州委員会に政策上の助言を行う目的を有した[11]。

その際，フォーラムにおいて審議された重要課題は，EU全体としてのコーポレート・ガバナンス原則を定めるかどうかという点であったが，この点は

結論として各国それぞれの立場でコーポレート・ガバナンス原則を作成すべきとされ，その策定状況について欧州委員会が監視していくことになった。「遵守か説明か」原則については，フォーラムはこのアプローチを支持し，2006年2月に同原則についての声明（Statement）を公表した（European Corporate Governance Forum, 2006）。そして同原則が有効性を発揮するための条件として，① 会社法や証券取引所の上場規則等による義務付け，② 開示による透明性の確保，③ 開示の質を履行する方法を導入することの3点を強調した。

このようにフォーラムは「遵守か説明か」原則に関してEUの特色としてこれを推進する立場をとり，2006年6月にはEU指令として「会社法規則修正指令」が発せられた[12]。これによりEUにおける上場会社は各国のコーポレート・ガバナンス原則に対し，遵守状況を開示していくことが義務付けられた。これは年次報告書に「コーポレート・ガバナンス報告書（statement）」を含めることを規定したものであり，加盟国の規制当局に対しては，その報告書の存在をチェックする役割に限定し，内容面での評価は株主が議決権を行使する際の有益な情報となることを期待するものとした。同指令は各加盟国での法制化を求めるものであり，EUの共通ルールとして2008年9月までに加盟各国が国内法化を行うこととされた。

しかしながら，この時点においてはコーポレート・ガバナンス原則から離脱する際に，説明がどのように与えられるべきかについて入念な規定はなく，比較的容易に原則から離脱できるのか，すなわち会社側の自由裁量の余地が大きいものなのか，この点についての実態把握がその後の検討事項になっていくのである。

2. 欧州委員会を中心とする近年の動き

「遵守か説明か」原則に関する指令が発せられた後，欧州委員会はコーポレート・ガバナンス原則と「遵守か説明か」原則のエンフォースメントに関する大規模な調査に着手し，加盟各国の実態調査報告書「加盟国におけるコーポレート・ガバナンスのモニタリングとエンフォースメントの実務に関する研究」を2009年9月に公表した（European Commission, 2009）。同報告書は

加盟各国のコーポレート・ガバナンスに関するハードローとソフトローの関係を明らかにすることを目的とし，とりわけコーポレート・ガバナンス原則の内容，管轄機関およびエンフォースメントの仕組みをめぐる多様な状況について分類を試み，さらに「遵守か説明か」原則の有効性について会社側と株主側双方の立場からその認識を評価したものである。それによれば，「遵守か説明か」原則については幅広い層から支持を受けており，このルールを堅持していくことが望ましいが，運用をめぐる上でさらなる改善が必要であるとしている。具体的には，域内18カ国270企業（各国の上位5社と中堅10社の計15社）の「遵守か説明か」原則による開示状況を精査し，各国における上位企業についての開示状況は概ね良好であるが，中堅企業はそれほど良好なものではないことが明らかにされた。また原則から離脱する際に与えられる会社による説明情報の質が株主にとって満足なものでなく，多くの加盟国において原則の適用に関する監視が不十分な状態であることが指摘されている。

「遵守か説明か」原則の適用をめぐっては，主要国において研究者や公的機関による実態調査が数多く行われているが，比較的初期のものとして，イギリスのFTSE350社に関する実態調査によれば，コーポレート・ガバナンス原則の主要な8つの条項に注目し，それらをすべて遵守した企業の割合が1999年の約1割から，2004年には5割超えとなったことが報告されている（Arcot & Bruno, 2006）。1998年の統合規範において「遵守か説明か」原則の適用をめぐるルールが強化されたことで，この時期，原則に対する企業側の遵守率が大きく上昇したことがわかる。また，ドイツにおいて2003年以降，毎年行われている政府委員会による調査によれば，多くの条項において遵守率の上昇傾向がみられ，企業規模が大きいほどまた株価指数セグメントが上位の企業ほど高い遵守率を示した[13]。

このような実態調査をふまえて，欧州委員会は2011年4月に発表したグリーペーパー「EUのコーポレート・ガバナンスの枠組み」（European Commission, 2011）の中で，「遵守か説明か」原則のあり方をめぐる発議を行うこととした。同ペーパーにおいては，3つの課題，すなわち①取締役会における多様性（専門性，国際性，女性登用）の改善，②株主の関与をどう促進するか（とりわけ長期的業績に対する関与の促進），③コーポレート・ガ

バナンス原則の監視と実施の改善（「遵守か説明か」原則の有効性確保）についての問題提起が行われているが，とりわけ ③ については改善方法として次の2つを発議している。まず，コーポレート・ガバナンス報告書の説明情報の質を改善するために，原則から離脱する企業に対し，より詳細な要件を導入していくべきであり，離脱の理由を説明するとともに，代わりに採用された代替案を記述することを定めたスウェーデンのコーポレート・ガバナンス・コードの例を紹介し，それに賛成するかどうかを問うている（質問24）。また，コーポレート・ガバナンス報告書の内容に対して，投資家のみならず加盟国の金融市場当局や証券取引所といった機関による監視が必要であるか，そしてその役割が何であるかについて発議している（質問25）。これらの点を含めた設問に対する意見を募集した。

　以上のような手続きのほか，公開協議やオンラインによる意見公募を経て，2012年12月に欧州委員会はコミュニケーション「アクションプラン：欧州会社法とコーポレート・ガバナンス─株主のより多くの関与と持続的会社に関する現代の法的枠組み」を発表した（European Commission, 2012）。それによれば，コーポレート・ガバナンス報告書の質の改善に向けて，とりわけコーポレート・ガバナンス原則から離脱した企業が行うべき説明の質を改善するための提案を，勧告（recommendation）の形で行うことを表明した。またこの文書のなかでは，「遵守か説明か」原則をめぐる適用についてのガイドラインを導入した国々の例が紹介されている。イギリスでは，財務報告理事会（Financial Reporting Council：FRC）が2011年12月に「『遵守か説明か』原則に関するガイドライン」を発表し，適切な説明とはどのようなものであるかについて明示した。同様な試みは，フィンランドとベルギーにおいても行われたことが記されており，このような取り組みを欧州委員会は歓迎するとしている。

　同アクションプランの中で示された勧告については，2014年4月に欧州委員会による「『遵守か説明か』原則についての勧告」として公表された[14]。それによれば，会社は原則からの離脱理由の説明とともに，離脱の決定がどのように行われたかについての説明と，代わりに講じられた手段の説明，およびその代替手段の達成や良きコーポレート・ガバナンスへの貢献がどのようになさ

れるかについての説明を求めている。勧告については EU の法令ではないため拘束力は生じないが，欧州委員会は加盟各国で講じられた手段についての報告を 1 年以内に行うことを奨励（invite）しており，各国状況の監視および評価が企図されている。

第 2 節　「遵守か説明か」原則の有効性をどう考えたらよいのか

　これまで眺めたように，「遵守か説明か」原則の導入によって上場会社の情報開示の量は拡大し，またコーポレート・ガバナンス原則に対する遵守率は多くの条項で上昇した。以下では，この「遵守か説明か」原則の特徴と課題を次のような視点から検討を行いたい。第 1 に，「遵守か説明か」原則については，一般に原則からの離脱を認める柔軟性が評価されているが，実際のところ遵守率の上昇が進んだ各国での実態を踏まえると，むしろ強制的性格をその本質として持つものと考えたほうがよいのであろうか。第 2 に，一方で離脱を行う際の会社側の説明の質が不十分であるとの見方があるが，そもそも合理的な説明が成立する余地はどの程度あるのか。

　第 1 の点について，「遵守か説明か」原則の特色は情報開示の責任を課すものであり，本来，企業側に柔軟な選択肢を与えるものである。そういう意味では，このルールは自主規制としての性格を持つといってよく，企業側に受け入れられやすい制度とみなされていた。しかしながら，デービス（Davis, P.）は立法化の脅威の下で自主規制が生まれたことを指摘しており，イギリスの統合規範は規制される側の自由選択とはいいにくい面があったことを強調している[15]。すなわち，会社側の取り組みが実効性を有しない場合，政府の介入が行われるプレッシャーを常に受けているわけである。例として，遵守率が低く推移した条項について問題視される傾向は強く，役員報酬の決議や開示のあり方については会社側の開示結果等を踏まえた形でイギリスやドイツなどで法制化が行われた[16]。その結果，それまで開示に消極的であった企業も法令のもとにそれを遵守するようになった。

　第 2 の点については，会社側が十分に理由づけられた離脱を行うためには，

原則の基準に照らして的確な評価を行うための専門的人材の助言を必要とする場面が少なくない。すなわち，会社側は瑕疵ある遵守に関する説明による制裁を避けたいがために，助言会社等によるビジネス機会が増大している[17]。したがって，原則への離脱について費用をかけて行うべきかどうかという選択問題が生じ，結果として遵守へのプレッシャーはこのようなコスト対応面からも強まる性格をもつ。しかし一方では，離脱の際の説明内容が一般的あるいは限定的な企業が少なくないと指摘されたように，開示内容に対する監視が必要とされている状況でもある。

　このような検討を踏まえてみると，「遵守か説明か」原則の本質的特徴は次のように把握されよう。まず，企業の遵守率上昇の実態からは，同原則の事実上の強制作用を重視せざるをえず，長期的な遵守率向上を意図したルールとして捉えるほうが適当であるといえよう。すなわち，企業側は即座に原則に従う必要はないが，一定期間の柔軟性を留保された後に遵守していかねばならないプレッシャーを認識しているように考えられる。

　また，この制度において重要なのは開示結果を利用する投資家をはじめとするさまざまなステークホルダーの監視に判断を委ねているところであり，この面での彼らの監視効力により同原則の有効性が捉えられる。したがって，監視者としての役割が期待される機関投資家の保有割合が高い企業では，原則に対する遵守割合は高くなる。イギリスの場合，よく知られるように機関投資家による株式所有割合が多く，彼らの所有上のスタンスが上場企業に対し，一定の規律をもたらしていると考えられる。またEU諸国において各国の上位企業と比べて，中堅企業の遵守率が低い傾向を示したのも監視者として作用する外部投資家の影響力が必ずしも大きくないことを反映した結果であることを想定できる。

　以上のように，「遵守か説明か」原則の作用は，監視者としての投資家の目が行き届くような大規模企業において大きく，そのような企業においては開示面での対応上の工夫を要する。一方で上場会社であっても大株主が存在するファミリービジネスや中堅企業においてはこの限りでなく，開示情報の質を改善していくために「遵守か説明か」原則についてのガイドラインの役割などが高められる必要がある状況だといえよう。

第3節　情報開示の意義を高めるために

　最後に論じておきたいことは，会社側の情報開示が有効に機能するための条件である。近年，ステークホルダー・エンゲージメントという言葉が用いられるが，これは企業とステークホルダーとの双方向的な対話を通じて，その関心事項を理解し，企業活動や意思決定に反映する取り組みであるとされる。ステークホルダー・ダイアローグはその1つの形態であり，そこではたとえば株主は会社に彼らの期待や要望を伝え，会社は株主に自社の活動を理解してもらう対応を講じる。このエンゲージメント活動において重要なのは，1つには情報を利用する側の分析能力やそれに基づく行動姿勢である。投資先企業の事業内容を精査していくなかでエンゲージメント活動の機会を活用し，開示情報の分析に基づく要望を効果的に伝えるコミュニケーションが課題である。開示情報を利用するのは，例えば株主側として，年金基金，政府系ファンドなどの機関投資家のみならず，議決権行使のための情報提供を行うプロキシ・アドバイザーなどである。またそのような投資家のうち，年金基金等の長期的な運用を志向する投資家においては，ESGデータを含めた多面的な企業評価を志向するようになっている。

　本章で論じてきたコーポレート・ガバナンス原則のエンフォースメントの仕組みである「遵守か説明か」原則は，会社側に対して「柔軟」な形で遵守を迫るアプローチとしてEUにおいて採用されたが，今日，世界各国の証券取引所等のルールとして取り入れられるようになった。そして，我が国においても原則主義に基づくルールが注目されるようになり，会社法改正の議論の中でも社外取締役の義務化をめぐり，導入しない場合，株主総会において理由を説明しなければならないとする仕組みが取り入れられた（2014年6月公布）。

　このような情報開示によるエンフォースメントの仕組みは，会社側のみならず，投資家側にも遵守すべき原則としてその策定が世界的に拡がりをみせており，主要な国々や国際機関によって策定されたスチュワードシップ・コードへの機関投資家の参加が増えている。さらに，CSRの領域においてもルール化

をめぐる議論において情報開示のあり方が注目されており，例えば GRI (Global Reporting Initiative) は "report or explain" のルールを表明し，情報開示における外部監視の役割を重要視する。先にふれたように，株主としての機関投資家もまた会社側の ESG データ等の CSR 情報に注目するようになっており，そういう見地からはコーポレート・ガバナンスと CSR の領域は近接化しているともいえる。

注
1) エンフォースメントとは一般に法執行を意味し，法律などを実際に守らせるようにすることを指す。ここではコーポレート・ガバナンスのルール・原則の実効性の確保を意味するものとして用いる。
2) ソフトローとは「裁判所等の国家機関によるエンフォースメントが保証されていないにもかかわらず，企業や私人の行動を事実上拘束している規範」として捉えておきたい。中山・藤田編 (2008) を参照。
3) EU 法は第1次法と第2次法に分類される。第1次法は EU を基礎付ける条約であり，第2次法は条約に法的根拠をもち，そこから派生する法であり，適用範囲と法的拘束力の強弱によって，規則 (regulation)，指令 (directive)，決定 (decision) の3種類があり，さらに法的拘束力をもたない勧告 (recommendation) と意見 (opinion) がある。
4) "comply or explain" については「遵守せよ，さもなければ説明せよ」などの訳もみられるが，本章ではなるべく簡略な表現を用いた。
5) これまでの先行研究として，野田 (2006)，谷口 (2009) をあげておく。
6) 1998年の統合規範からは，2重開示が求められるようになった。第1は統合規範に置かれている原則をどのように適用したかの適用ステートメントを，第2は統合規範の各規範条項を遵守したか，遵守していない場合にはその条項を特定し不遵守の理由を説明した遵守ステートメントを作成するよう要求し，企業側の情報開示の内容は一段と拡充した。田中 (2010) を参照。
7) 田中 (2011) を参照。
8) ヴィエノ (Viénot) 報告 (1995, 1999年)，ブトン (Bouton) 報告 (2002年) に基づき，コーポレート・ガバナンスにおける提案および勧告がなされた。関 (2008) を参照。
9) 一方この時期，1999年に OECD がコーポレート・ガバナンス原則を策定し，世界各国ではそれを参照し，独自のコーポレート・ガバナンス原則を作成する動きが進展した。
10) 本章で参照した欧州委員会およびそれに関連する機関の文書はウェブサイトから入手可能である。
11) 構成メンバーは EU の規制官庁，企業，市場参加者，投資者，学界の代表ら15名である。フォーラムの全体的な活動については正井 (2009) を参照されたい。
12) Directives2006/46/EC. (http://eur-lex.europa.eu/LexUriServ/LexUriServ.do?uri=OJ:L:2006:224:0001:0007:EN:PDF)
13) 海藤 (2013) 第7章を参照。なお，2011年以降は，"Corporate Governance Report" という名称に変更されている。
14) Recommendation2014/208/EU. (http://eur-lex.europa.eu/legal-content/EN/TXT/PDF/?uri=CELEX:32014H0208&from=EN)
15) 早稲田大学21世紀 COE《企業法制と法創造》総合研究所ら (2007)，129ページ。

16) EUレベルでは2005年に欧州委員会による役員報酬に関する勧告が発せられ，法的拘束力は持たないため，加盟国の対応はそれぞれであるが，企業側の開示レベルは高まる傾向のようである。
17) ミュルベルト (2014), 26ページ。

参考文献

海藤ノブチカ (2013)『ドイツのコーポレート・ガバナンス』中央経済社。
関孝哉 (2008)『コーポレート・ガバナンスとアカウンタビリティ論』商事法務。
田中信弘 (2011)「ドイツの会社機関と企業統治」佐久間信夫・鈴木岩行編『現代企業要論』創成社。
田中信弘 (2010)「イギリスのコーポレート・ガバナンス」佐久間信夫・水尾順一編『コーポレート・ガバナンスと企業倫理の国際比較』ミネルヴァ書房。
谷口友一 (2009)「コーポレート・ガバナンス規制における補完性と柔軟性―イギリスにおける『遵守又は説明』規定の生成と展開」『法と政治』60巻3号。
中山信弘・藤田友敬編 (2008)『ソフトローの基礎理論』有斐閣。
野田博 (2006)「『遵守せよ,さもなければ説明せよ』原則の考え方と現実との乖離をめぐる一考察―英国の『コーポレート・ガバナンスについての統合規範』を主な対象として」『ソフトロー研究』商事法務，第7号。
正井章筰 (2009)「EUにおけるコーポレート・ガバナンスをめぐる議論―ヨーロッパ・コーポレート・ガバナンス・フォーラムの声明を中心として」『比較法学』43巻1号。
ミュルベルト，ペーター・オー (2014)「ドイツ株式会社における『遵守せよ，さもなければ説明せよ』の準則とEUの背景：株式法161条とドイツ・コーポレート・ガバナンス・コード」『ソフトロー研究』商事法務，第23号。
早稲田大学21世紀COE《企業法制と法創造》総合研究所・ロンドン大学ユニバーシティカレッジ (2007)「日欧シンポジウム　ヨーロッパと日本―企業・資本市場・市民社会の現在と未来」『企業と法創造』第3巻第4号。
Arcot, S. R. and Bruno, V. G. (2006), *In Letter but not in Spirit: An Analysis of Corporate Governance in the UK*, Available at SSRN.
European Commission (2012), *Action Plan: European company law and corporate governance a modern legal framework for more engaged shareholders and sustainable companies*, COM (2012) 740 final.
European Commission (2011), *The EU corporate governance framework*, COM (2011) 164 final.
European Commission (2009), *Study on Monitoring and Enforcement Practices in Corporate Governance in the Member States* (Conducted by RiskMetrics Group).
European Commission (2003), *Modernising company law and enhancing corporate governance in the European Union-A plan to move forward*, COM (2003) 284 final.
European Commission (2002), *Comparative Study of Corporate Governance Codes Relevant to the European Union and Its Member States* (Conducted by Weil, Gotshal, and Manges).
European Corporate Governance Forum (2006), *Statement of the European Corporate Governance Forum on the comply-or-explain principle*.

（田中信弘）

第11章
グローバリゼーションと経営の多様性
―「働くこと」の再考―

はじめに

　冷戦終結後のグローバル化と新自由主義によって，資本主義はかつてない高みに押し上げられ，地球規模でさらなる経済発展をもたらすはずであった。しかし，92年のイギリスポンド危機以降，世界各地で市場の混乱と景気の減速が生じた。その結果，それまで順調に発展のステップを上がっていたかのように見えた国や地域は，一瞬にして経済を悪化させ，日々実直に勤めを果たしていた多くの生活者の暮らしが不安定になり，失業と貧困という災禍がもたらされた。さらに，2000年代に入ると，新自由主義のもとで加速するグローバリゼーションと多国籍企業の活動が，発展途上国のみならず先進国にも所得格差，不平等，雇用不安，社会保障の欠落といった，社会的な不安定さをもたらしていると認識されはじめた。それは，地球環境問題や，アングロ・アメリカ的価値やルールの押し付けへの抵抗と相まって反グローバリズムの潮流を生み出すことになった。

　マネジメントにおいても，企業活動がグローバル化しスピードと効率，利潤追求がいっそう激しくなる中で，環境，労働，人権などの諸問題や企業不祥事が顕在化し，新自由主義的経営の弊害が認識されるようになった。そこから，経営倫理，企業の社会的責任，社会的企業などの文脈で現代経営の再考がすすめられている。

　現在，グローバリズムに疑問を持つ人びとの間では"Another World is Possible"や"Another Way is Possible"という言葉が掲げられている。世界規模で展開されるようになった企業経営に対して，これまで，国際経営論

は，世界のあらゆる場所で通用するような，ある種の普遍的モデルの構築を目指して発展してきたのだが，実際，世界には長い歴史に培われたさまざまな価値観にもとづく多様な「商い」や「労働」の形が存在する。本章では，マネジメントの未来へとつづく「もうひとつの道」を探るために，経営の多様性に目をむけることにしたい。

第1節　ディーセント・ワークを求めて

　1999年，国際労働機関 ILO の第87回総会において，ファン・ソマヴィア氏（チリ出身，事務局長就任期間1999年～2012年）は，新事務局長就任にあたり，「ディーセント・ワーク」（働きがいのある人間らしい仕事）の確保というビジョンを示した。ディーセント・ワークの実現は，それ以降の ILO の主目標となっている。2002年には，「グローバル化の社会的側面に関する世界委員会」が設けられ，委員会報告書「公正なグローバル化：すべての人への機会をつくりだす（A Fair Globalization: Creating Opportunities for All）[1]」(2004)がまとめられ，公正なグローバル化を達成する手段としてのディーセント・ワークが呼びかけられた。

　ディーセント・ワークとはどのようなものだろうか。ILO ウェブサイト[2]では，「ディーセント・ワークとは，権利が保障され，十分な収入を生み出し，適切な社会的保護が与えられる生産的な仕事を意味します。それはまた，全ての人が収入を得るのに十分な仕事があることです。」と解説されている。これを聞くと，劣悪な途上国の労働現場でないかぎり，ディーセント・ワークは実現されているのではないかと思われる。つづいて，ソマヴィア事務局長自身の言葉によれば，「世界の人々がいま最も望んでいるものは，基本的人権に次いで，ディーセントな仕事ではないかという結論に達しました。これは子どもに教育を受けさせ，家族を扶養することができ，30年～35年ぐらい働いたら，老後の生活を営めるだけの年金などがもらえるような労働のことです[3]」となる。ここに至ると，ディーセント・ワークの実現はとたんに困難になる。いや，むしろそのような働き方を実現できている労働者は，先進国においても恵

まれた人々と言えるだろう。だが，このような働き方は，少なくとも日本ではごく最近まで「あたりまえ」に受け止められるものであった。しかし，今，そのあたりまえのワーク・ライフを手に入れることは難しくなっている。

　グローバル化のもとでの国際的な企業間競争の激化によって，企業は労働コストの削減をいっそうすすめている。賃金の引き下げ，いわゆるリストラ（雇用削減），正規雇用から非正規雇用への切り替え，さらにはスポット的人員調達による超短期雇用などがそれだ。これにより，フルタイムで働いていても，生活の維持すら難しいというワーキング・プアを大量に生み出している。

　それだけではない。労働者は常に職場での「フル稼働」状態の維持をもとめられ，職場内での競争が煽られ，監視や強制が日常化している。先進国では，さまざまな産業において，労働のデスマーチ（死の行進）化が進行しているという[4]。それは，スケジュール，人員，予算，課題などの無理な計画によって，労働者が過重労働を強いられ，さらには，納期，競争，解雇などの精神的プレッシャーから疲弊していく様をいう。仕事に対しての愛着や，やりがいといったものは消失し，ただただ解雇の恐怖から仕事を継続しなければならない。日本でもブラック企業に代表されるような，非人間的職場が出現し社会問題となっている。働きがいのある人間らしい仕事とは何かが，改めて問われている。

　これまで，日本的経営は人本主義とも言われ，① 長期雇用と離職率の低さ，② 広範囲な教育訓練，③ 年功と平等への配慮，④ 従業員主導のコーポレートガバナンス，⑤ 企業別組合と組織志向などが特徴としてあげられてきた。それに対して，アメリカ的経営の特徴としては，① 短期雇用と高い離職率，② 教育訓練投資の削減，③ 採用，昇進，昇給，移動は市場を基準とする，④ 株主志向のコーポレートガバナンス，⑤ 産業別組合ないしは組合が存在しない，などがあげられている。そして，これが今日のグローバルにスタンダード化している国際競争力を持つためのマネジメントモデル，すなわち労働者から「人間らしさ」を切り取るようなマネジメントのプロトタイプであると認識されている。

　だが，かつてのアメリカ経営を見てみれば，その中には労働者重視のマネジメントがあり，また，世界のその他の地域においても労働者の「人間性」を重

んじるマネジメントが種々存在している。このことからも，今日のスタンダードモデルは，決して普遍性を持つものではなく，むしろ，グローバル化と新自由主義の生み出した変異的モデルであると言わざるを得ない。私たちが「働きがいのある人間らしい仕事」を取り戻すためには，マネジメントの中にある「人間性」を再発見する必要があるだろう。

第2節　古典的アメリカ経営にみる労働者の人間性

　労働者と人間性の問題に関しては，ホーソン実験以降のいわゆる「人間関係論」諸説が有名であるし，80年代以前まではアメリカの「エクセレント・カンパニー[5]」の中には人本主義にも通ずるような「人」を重んじるマネジメントがあったこともよく知られている。
　さらに本章では，古典的アメリカ経営学において，近代企業では働く者の人間性，精神性を重視する必要があると説かれていたことを紹介したい。
　たとえば，アメリカの経営学者ムーア（W. E. Moore）の1946年の著書'Industrial Relations and the Social Order'の中には，「産業の従業員が職場で働く第一の目的は，言うまでもなく生活のためである。そして，その企業に従業しているかぎり，一応はこの第一の目標を達成しているとみてよい。しかし，それかといって，従業員の精神のうちに，それ以上に何も望むところがないかというと，決してそうではない[6]」として，労働者が望むものを3つあげている。

　①保障（Security）。雇用の安定や現状の維持，保障。一生を通じて，その労力を投資した者に対する老後の保障。
　②愉快な作業関係（Pleasant working relations）。民主的な統率，公正な監督のもとに，彼らが集団としての社会的，慣習的，人的環境が愉快であること。
　③競争社会における地位（Status in a competitive society）。職業人としての誇り（Pride in Workmanship），職務が完遂したことへの適切な尊敬。チャンスが与えられ，競争社会においてその地位が昇進することを

望む。

　この中で，目を引くのは②であろう。「愉快」という言葉が主観的なものであり，かつ，働くことに求められるストイックさとは正反対のもののように思われるからである。ムーアはさらに，この「愉快さ」が失われた場合には，「精神病的，神経症的な傾向の人間が現れる」と指摘している。まさに，現代の職場に蔓延する鬱病の存在を予言していたかのようである。

　さらに，1946年アメリカ全国製造業協会（National Association of Manufacturers）会長ベンネットは'We must learn How to manage our "Phantom Factories"' という演説を行っている[7]。この中で，労働者は工場で働くと同時に，心の内側には「幸福」を生産するもうひとつの工場（Phantom Factories，影の工場）を持っており，これは表の工場と同じように尊重されなければならず，経営者は2つの工場を経営していることを自覚しなければならないと述べている。そして，以下のような労働者が持つ欲求に応じたマネジメントを提案している。

①人が自分自身でありたい欲求（Mans' Need to be Himself）。働く者には名前があり，番号ではない。働く者をカーボンコピー（複製）のように扱ってはいけない。自由の中で個性が認められなければならない。

②育ちたい欲求（His Need to Grow）。人の才能や興味を認め，それぞれの才能を測り，労働者の成長を助けなければならない。

③達成したい欲求（His Need to Achieve）。労働者が全力を尽くしたいと思うような職務を与えること。成し遂げたことを認めて報償できるようにすること。

④所属したい欲求（His Need to Belong）。働く者は，受け入れてもらえること，理解されること，感謝されること，必要とされることを望んでいる。したがって，排除や閉め出しのように惨めな事を行ってはいけない。

⑤貢献したい欲求（His Need to Contribute）。人は自分自身のためにだけ生きるものではなく，何かに自らを捧げたいと願っていることを忘れてはならない。

　人間の欲求に関しては，マズローの欲求階層説が引き合いに出されることが多いが，ここで示されているのは1946年当時のリアルな労働者の欲求であり，

そしてそれは，今日の労働者のそれとかけ離れているとは感じられない。むしろ，働く「人間」の根源的，普遍的な欲求を解説しているものだろう。このように，1940年代の昔，アメリカでは労働者の誇り，尊厳に対してきちんと目が向けられていた事を思い出したい。今日のグローバル経営モデルは，アメリカの経営風土から発したものではなく，むしろ歴史や文化とは切り離された根っ子の無い経営モデルなのである。

第3節　イスラーム経営に学ぶ実体ある労働

　今日のある意味で歯止めのないグローバル化に対して，社会システムとして抵抗を示しているのが，イスラーム社会の生活である。櫻井（2008, 2011）によれば，グローバル競争下の私たちの社会は，最大，最上，最高を追い求めてつき進むが，イスラームの生活は，過度の欲をいましめ，吝嗇，放蕩，乱費をしりぞけて「中道」を歩んでいるという。ビジネスもまた，イスラームの教えの実践の結果でなければならず，イスラーム的な経営は倫理と不可分で，企業経営は社会全体の経営と一体化しているのだという。イスラーム世界では，企業が，その存続のみを主目的とするような利己的経営を行うことはあってはならず，私益と公益のバランスが重視されている。社会全体のバランスを維持し，人びとがつながり，助け合って公正な社会が作られることを目指して，あえて，宗教による文化的・倫理的制約を受け入れることで，成長を抑制しているのだという。

　櫻井は，イスラーム経営の特徴として以下の6つを示している。① トータル・マネジメントの原則，②「無いものは無い」の原則，③「実体のある労働」の原則，④ 相互責任，相互扶助の原則，⑤ 社会的公正と社会的責任，⑥ 調和と中道である[8]。ここでは，②と③についてみてみよう。イスラームでは「実体」のないモノの取引は禁止されている。空売り，先物取引，排出権などの権利の取引，仮想空間の取引などは，実体がなく人間の知性が生み出したバーチャルなもので，「無いものは無い」のである。イスラームでは，知性，物質性，身体性はすべて神が与えたものとして等位の属性を持っているとい

う。身体（リアル）から切り離された知性（バーチャル）など存在しえないのだから，知性だけを特別に扱ったりはしない。知性の多寡で人間の価値が決められたり，肉体労働が知的労働に劣るということはない。

では「実体のある労働」とはどのようなものだろうか。それは，単に身体を動かす労働という意味ではない。労働の実体を構成しているのは，直接性（行為）と責任であるという。イスラームでは，正当な労働の結果としての利潤は私有することが認められている。しかし，貸付による利子所得，なんらリスクをとらない出資による利益配当，土地ころがしのような転売による利益などは，実体のある労働を伴っておらず認められない。

現代は「知」の時代とも言われ，知性が偏重されている。デザイナー，サイエンティスト，エンジニア，ディーラーなどの知識労働者の価値が認められる一方で，肉体を駆使して，額に汗する労働は軽視され，コストとしかみなさない。投機や資金運用などマネーゲームを巧みに行ったものは勝者として賞賛され，一方で地道な労働の末のワーキング・プアは負け組と分類される。このような不条理の中に生きる我われが，イスラーム経営から学ぶことは多い。

第4節　タイ経営のなかの働く意味

筆者はかつて，タイの労働者を対象に働くことの目的について問うアンケート調査を行っている[9]。①「あなたは，なんのために働きますか？」，という問いに対しての回答は，2つに大きく分けられた。まず，「収入」「生活」「家族を養う」という報酬に関するもの，そして，次に多い回答は，「経験を積む」「自分の能力を高める」というキャリア志向の回答である。さらに，②「お金以外に，働くことで得られるものがあれば，それは何ですか？」という質問もしている。これに対する回答は多種多様であったが，最も多かったのは社会的なコミットメントに関するものであった。例えば，「よい友達を得られる」，「よい同僚を得られる」，「いろいろな人と出会って視野がひろがる」，「他人とうまく関わることができるようになる」，というものである。日本でいう「同僚」は，職場での関係に限定されることが多いのだが，タイの場合「同僚」と

いうのは,「友達」と同じ意味をもっている。その他に得られるものとしては,「知識」,「経験」,「生きがい」,「満足」,などがあげられていた。

　また,③「『働く』という言葉を思い浮かべたとき,近いと感じる言葉を3つ教えてください。」という設問には,以下の42種類の言葉が集まった。

　「家族,宗教,社会環境,正確,平等,満足,義務,効率,責任,まかせること,友達,安定,幸福,チームワーク,慎重,地位,知識,経験,社会貢献,出会い,他人の役にたつ,収入,生活,社会的交際,人生,業績,アクティブ,頭を使う,名誉,タイプを打つ,同僚,人生の上達,活動すること,日常,将来,忍耐,楽しい,問題解決,勉強,お金持ち,時間の有効利用,能力」

　この中で,5人以上から得られた回答を多い順に並べると,「責任」(17人),「義務」(12人),「人生の上達」(10人),「収入」(10人),「友達」(9人),「社会的交際」(7人),「経験」(7人)である。上位4つまでは,報酬とキャリアに関連するものであるが,それに続く「友達」,「社会的交際」の2語と②の結果を鑑みるに,タイ人の「働くこと」には,コミュニケーションを広げ,よい仲間と出会うという意味があることがわかる。

　つづいて,筆者は2010年,2011年にタイ人経営者に対して企業の「発展」の意味を問うインタビュー調査を行っている[10]。その結果,タイ人経営者の考える企業発展は,売上増加やシェア獲得などに止まらず,もっと多様な内容を含んでいることがわかった。

　たとえば,タイ的な「発展」とは,経営者と社員が「人的に成長すること」を意味するという。仕事を通じて社員が人間的に成長する,すなわち(仕事を通じて)十分な知識を身につけること,プロフェッショナルになること,満ち足りた人生をおくること,誠実さを学ぶこと,修養し良い人間になること,などが目標にあげられている。修養の事例としては,外食チェーン大手S&P社では,すべての社員が1年間に7日間仏法講習と瞑想の研修をうけている。また,タイ生命保険の掲げるライフプランナー育成の哲学には,①善行,②思いやり,③善行を信じること,④希望をもつこと,⑤積極性,⑥十分な知識,⑦プロフェッショナルがあげられている。①〜④のような真っ当な人間のもつ真っ当な素養を,企業が人材育成の中で大切にしていることに注目したい。

人的成長がもとめられるのは，社員だけではない。経営者本人の人徳とパワーが増すことも，企業の発展に必要なこととされる。所有と経営が完全には分離していない状況で，経営者は企業そのもの体現する。経営者がよき人間であることは，すなわち，よき企業であることを意味する。Indra ceramic 社社長のアッタポール・ナパワン氏はインタビューのなかで「まず，私自身が成長することが大切です。親がしっかりしていなくては家族（社員）を導くことはできません」と答えている。

働くことを通じて，繋がり，成長するというタイ経営の中の人間像は，根をはり葉をひろげる樹木のイメージと重なる。それは，短期急速にすすむものではなく，静かな毎日の積み重ねの中にある。今日の苛烈な職場では，時間が切り刻まれているだけではなく，人と人との関係，人間それ自体（身体と知能，合理性と誠実さ）も切り刻まれているだろう。そこでは，繋がりも成長も生み出すことはできない。その不毛さを，タイ経営は教えてくれている。

おわりに

かつて，日本企業は「企業は人なり」と人本主義を掲げ，特に，人を育てることはお家芸ともいえるほど誇れるものであった。しかし，今日の日本では「派遣切り」や「ブラック企業」といった醜悪な言葉が日常化し，大量のプレカリアートが生み出されている。

発展の幻影に煽り立てられ大競争の末に人と社会を疲弊させるマネジメントに代わって，これからの新たなマネジメントでは，共生や分かち合い，持続可能性といった要素が求められるようになるだろう。そのためには，単一の価値，均一の存在ではなく，もっと多様な価値，多様な存在を取り込むことが鍵となるだろう。本章では，古典的アメリカ経営，イスラーム経営，タイ経営を紹介したが，これ以外にも世界の各地には，歴史と風土に根差した多様な経営がある。それらに目をむけ，叡智を収集することこそが真の意味で経営のグローバル化なのではないだろうか。

注

1) 2004年の報告書和訳「公正なグローバル化：すべての人々に機会を創り出す」ILO駐日事務所翻訳発行（http://www.ilo.org）。
2) http://www.ilo.org/tokyo/about-ilo/decent-work/lang--ja/index.htm（2014年9月30日最終アクセス）
3) 2000年に開催された日本ILO協会50周年記念式典での演説。
4) 國島弘行・重本直利・山崎敏夫（2009），11ページ。
5) トム・ピーターズ，ロバート・ウォーターマン／大前研一訳（1983）『エクセレント・カンパニー』講談社。
6) Moore, W. E. (1946), p.342.
7) Bunnet, We must learn how to manage our "Phantom Factories," Factory Management and Maintenance, Aug. 1946.
8) 櫻井秀子（2009），224-229ページ。
9) 木村有里（2001）。
10) 木村有里（2013）。

参考文献

青木保・佐伯哲思編著（1998）『「アジア的価値」とは何か』TBSブリタニカ。
赤羽新太郎・夏目啓二・日高克平編著（2009）『グローバリゼーションと経営学―21世紀におけるBRICsの台頭』ミネルヴァ書房。
桜美林大学北東アジア総合研究所編（2010）『アジアの精神にみる企業倫理』。
片岡幸彦編著（2001）『地球村の思想―グローバリゼーションから真の世界化へ』新評社。
木村有里（2001）「仕事に求めるものはなんですか―意識調査に基づく日・タイ比較研究―」『現代経営研究』第8号，58-83ページ，ISS研究会。
木村有里（2013）「発展の行方―タイ的経営にみる知足と発展―」『地域文化研究』第14号，166-187ページ，地域文化学会。
國島弘行・重本直利・山崎敏夫編著（2009）『「社会と企業」の経営学―新自由主義的経営から社会共生的経営へ』ミネルヴァ書房。
黒田兼一・守屋貴司・今村寛治編著（2009）『人間らしい「働き方」・「働かせ方」―人事労務管理の今とこれから』。
櫻井秀子（2011）「イスラーム経営の社会的合理性について―信頼・関係重視型経営の再評価―」日本比較経営学会編『比較経営研究』第35号，3-17ページ，文理閣。
櫻井秀子（2009）「グローバリゼーションと異文化経営」赤羽新太郎・夏目啓二・日高克平編著『グローバリゼーションと経営学―21世紀におけるBRICsの台頭』ミネルヴァ書房。
野田信夫（1953）『近代的経営における人間問題』ダイヤモンド社。
Moore, Wilbert E. (1946), *Industrial relations and the social order*, NY, US: MacMillan Co.
THANSETTAKIT (2010), *30 CEO's Vision* Thansettakit Bangkok Thai.

（木村有里）

第 12 章
金融取引税（トービン税）の課題

はじめに

　金融取引税は，リーマン・ショック後の世界金融危機に対する取り組みの中で，トービン税（Tobin Tax）として改めて脚光を浴びるようになるとともに，国境を超える課題への対応としても注目を集めている。

　本章では，この税の源流といわれる，ジェームズ・トービン（James Tobin）教授が 1972 年に示した通貨取引税の提案にさかのぼり，広く金融取引に対する課税として，この金融取引や経済全体に与える影響について整理したい。近年，金融取引税は，欧州諸国を中心に，導入に向けた検討と具体的な導入の動きが進められているが，これらの背景・経緯，有効性をめぐる課題などについても検討していきたい。なお，金融取引税については，国際協力の立場から既存の ODA とは異なる革新的資金源として取り上げられることが多いが，この点については，国連機関などが進める開発資金の財源としての論点が多いことから，別の機会に議論することとしたい。

第 1 節　トービン税の流れ

1. 世界金融危機後の動きと金融取引税

　2008 年のリーマン・ショックが引き金となって発生した世界金融危機により，トービン税が改めて注目されるようになった。1972 年に米国のジェームズ・トービン・イェール大学教授が提案した通貨取引税は，通貨市場における過度な為替レートの変動と通貨投機への対処を目的とするものであった。今回

の世界金融危機が発生したことにより，通貨以外の金融市場にも考慮すべきリスクが内在していることを示すこととなった。金融市場の不安定性は，複雑な契約形態，レバレッジ取引を通じた過度なリスクテイク，透明性の欠如，システムを通じた金融ショックの伝播力などの結果として生じていると考えられる。したがって今回は通貨取引だけでなく，デリバティブを含めたより幅広い商品を対象とした金融取引税に焦点があてられるようになった。さらに，銀行役職員の高額報酬に注目が集まり，これに対する批判が強まってきた。こうした中で，金融危機に際し金融セクターに多額の公的資金が投入されたことから，その費用負担を求めるとともに将来の金融危機の発生に対する備えのための財源を確保することも求められるようになった。これらを受けて金融取引税を含む金融機関への課税が論議されるようになった。

2. トービン税とは

トービン税は通貨間のすべての直物取引に対して極く低率の課税を行おうとするものである。ジェームズ・トービン教授が企図するものは，これにより為替相場の過度の変動を抑制することであった。

トービン税は，第二次世界大戦後20年余り続いたドルを中心にした国際通貨体制（ブレトンウッズ体制，金ドル本位制）が，1971年の米大統領リチャード・ニクソンによる「ドルの金との兌換停止」（ニクソンショック）を契機に崩壊したことに対応する提案であった。ブレトンウッズ体制の崩壊後は，金融がグローバル化して国境を越える資金移動が大量に生じるようになり，各国政府が自国の政策によって国内経済を律することが難しくなってきた。その解決策として，短期の外国為替取引に一律の税率で課税することで投機的取引を抑制し通貨安定を図る必要があると考えた。

トービン税のアイデアはJ.M.ケインズの『雇用・利子および貨幣の一般理論』（1936年）から示唆を得たといわれている。ケインズは，株式取引に取引税を導入すれば，株価の形成が，他者の短期的な行動に対する投機家の思惑よりも，株式市場における長期的で基本的な株価形成が占める部分を拡大できると指摘している。同様のことが外国為替市場にもあてはまるとジェームズ・トービン教授は考えたという。

国際金融システムが不安定化しているのは，民間金融資本が過剰なまでに各国通貨の間を移動することができるためであると考えた。このために各国の政府や中央銀行による国内の財政・金融政策が，雇用，生産，インフレーションなどに対して政策効果を発揮しなくなるという。

これに対処するには，通貨取引税を創設し，各国の通貨市場にある程度の囲いをつくることにより，各国の経済政策が有効に機能するように整えることが重要と考えた。その後長年にわたり，トービン税は，実現することがなく，時折マスメディアに注目されたが，エコノミストにはほとんど関心を示されなかったといわれる。

3. 通貨取引税の法制化

トービン税について具体化を試みたものとしては，2001年フランスにおける，通貨取引税を規定する法律の成立があげられる。この税は，外国為替取引のうち直物取引と先渡取引を対象とし，0.1%（上限）の単一税率を採用している。欧州連合（EU）全加盟国における通貨取引税に関する国内法の整備が条件となっていたため，実施には至らなかった。

このほかの試みとしては，2004年にベルギーにおいて，外国為替・通貨取引税導入に関する法律が成立した。通常の取引には0.02%，一定の変動幅を超える取引には最大80%の税率で課税されることとなっている。これもEU各国が同様の立法を行うことが発効条件となっていたために現在に至っても実施されていない。

このように通貨取引税に限定すると，具体的仕組みとしてトービン税が実現することはなかったが，金融取引全般に広げて考えると，短期的な投機的取引が過度に行われることを抑制する重要な仕組みとして引き続き注目されてきた。

第2節　金融課税の検討

1. 金融活動に対する課税

金融セクターは，基本的に社会に対して多大の利益をもたらすものである

が，2008～2009年の世界経済危機で明らかになったとおり，社会に多大なコストをもたらすこともありうる。過剰なリスクテイク，高いレバレッジ，短期的な市場における資金調達への過度の依存などの諸要因が重なることで，先進国の多くの主要金融機関において，巨大損失が発生した。各国政府は主要金融機関が破綻することで生産と雇用に甚大な悪影響が出ることを恐れた。システム全体の金融崩壊を防ぐために，北米と欧州の各国政府は金融セクターの直接支援に，平均してGDPの3～5％相当額を支出した。また各国政府は平均してGDPの約17％に相当する政府保証などのコミットメントを実行した。この結果，当局は金融システムの崩壊こそ防げたものの，危機は世界的な景気後退の引き金となり，その結果生じた生産の累積損失はGDPの約25％にのぼった[1]。

　その後，欧州各国政府の多くが，救済のために行った財政支出をまかなうために，とりあえず金融セクター向けの諸税を導入するようになった。しかし，欧州では，基本論として，金融セクター課税が金融システムを守るのに果たす役割について，引き続き議論が続いている。こうした中で，欧州委員会は27カ国の全加盟国による金融取引税の協調導入を提案した。

2. 金融活動に対する課税の目的

　金融セクターへの課税には2つの見方ができる。1つはリスクの高い行動に対する課税であり，将来にわたる，危機の発生可能性を減らすための是正手段となりうるというものである。もう1つは，過去だけでなく，未来に起こりうる危機のコストをまかなうのに必要な追加財源を国庫が確保できるというものである。

　課税という手段を使うと，個別の金融機関だけでなく金融システム全体のリスクに焦点を当てることができるので，金融機関向け直接規制を補完することができる。[2] 最低自己資本要件のような規制が，個別の金融機関による損失吸収のための緩衝手段となるのに対し，課税はシステム全体への政府介入のために必要な財源をもたらしてくれる。また，現世代から税を徴収し，現世代の行動に起因して将来の世代が負担を負うことになる損失負担に備えることによって，損失負担について長期間にわたり効率的な損失の分配が可能になる。

金融セクター課税は，先の金融危機に税制の歪みも加担したのではないかといわれるが，この種の可能性を取り除くことに活用できる。たとえば，金融サービスに対して付加価値税（VAT）が適用されないことが，金融セクターが近年並外れて拡大した要因の1つとなった可能性があるといわれる。また，金融関連企業にも税制上の利子控除が適用されるために，資金調達にあたり株式発行よりも借入れに過度に依存する偏りを促進した可能性がある。

しかし，金融危機を経験することによって，金融セクターがもたらす社会的なコストは，直接的に金融取引に携わる人々だけではなく，社会全体の広範な人々にも影響を与えることが，広く認識されるようになった。そこで金融セクター課税は金融市場を通じて高リスクの行動をしようとする金融セクターに社会的コストを負担させようとするものである。

そこで，課税により，行動を変化させることを通じて将来の危機にかかるコストをまかなうことができるようになる。しかし，かかった費用から徴収額を逆算して見積もることはできるが，将来の危機の規模とコストを見積もって徴収額を適正に割り出すことは極めて難しい。このように税収を増やすために適切な税制を設計することは容易ではない。

3. 金融活動に対する具体的課税の方法

次に金融活動に対する課税方法として4つの異なるタイプの租税について検討してみよう。

まず金融安定負担金（Financial Stability Contribution: FSC）であるが，金融機関の貸借対照表に基づいて徴収される単純な負担金であり，困難に陥った金融機関の整理にかかる直接コストを，金融業界全体で負担することを目的とするものである。累進的な税率構造に，課税対象から自己資金と預金を除外することを組み合わせるので，金融機関の行動にも影響を及ぼすことになる。背後にある市場全体の行動をも変化させるためには，税は恒久税として仕組むことが求められる。

次に金融取引税（Financial Transaction Tax: FTT）であるが，株式売買のような特定の金融取引に対し，金額に基づいて徴収するものである。これは増収の手段であると同時に，高頻度取引のように社会的に望ましくない金融

取引を抑制することができるものである。しかし，他の取引税と同様に，金融取引税は連鎖的に金融取引に負担を求めることになるので，特定の事業の資本コストを引き上げることにつながり，金融取引量が減少して金融仲介機能の低下を招きかねない[3]。

次に金融活動税（Financial Activity Tax: FAT）であるが，金融機関の利益と報酬の合計額に適用されるものである。金融活動税は，実質をみると金融サービスへの適用が一般に行われていない付加価値税に代替するものと考えられ，金融セクターだけが優遇されているといわれる税務上の取扱いの格差を是正するものである。金融活動税は，重い税負担を求めることで高リターンに向かうリスクテイクの行動が過剰になることを抑制するように改良することもできる。

第四に法人税改革であるが，金融セクターの過大なレバレッジを引き下げるのに役立つものである。企業は支払い利子控除により課税所得を減らせるが支払い配当は控除できないので課税所得を減らせない。この結果，借入れによる調達が有利になる税の歪みが生じ，金融機関に過剰なリスクテイクの行動を許している[4]。

いかなる租税もどのように課税標準を設定するのが適正かは目的次第である。金融機関の行動を是正することを政府当局が企図している場合には特定の部分に限って課税することも適切な選択といえる。しかし，一般には租税や規制は金融機関に与える全般的影響にも考慮することが肝要である。

適切な税率は租税の種類によって異なってくる。金融安定負担金の場合にはリスクの高い金融機関に対する税率が高く設定されることが考えられる。一般金融活動税では付加価値税の一般的な税率とのバランスが考慮されるべきである。しかし過剰なリスクテイクを抑制する金融活動税の場合には，税率を相対的に高く設定すべきとなる。

他方，G20 の報告書において，IMF は，「金融セクターへの課税は，将来実施される可能性のある，政府による支援の直接の財政コストを金融セクターが負担し，破綻が起きにくく，その損害が最小化されるのを目的としたもので，かつ実施が容易で金融の安定性を悪化させかねない現行税制の歪みを是正するものでなければならない」と述べている。その上で，弱体金融機関の整理につ

ながり，信頼度が高く，実効性のある選択肢として金融安定負担金を推奨している。もし税収を拡大したいのなら，金融機関の利益と報酬の合計額にかかる金融活動税によって補完することもできる[5]。

4. 金融取引への課税

こうした議論を経て，欧州諸国の多くが金融危機の直後から金融セクターへの課税・徴収を開始した。そのうち，およそ12カ国が税収を増やすことを主な目的として金融安定負担金に類似した税を導入している。このうち約半数の国で，少なくとも金融安定負担金は当初に暫定措置とされ，しかも税率は比較的低かったので，金融機関の行動に実質的な影響をほとんど与えることがなかった。税収効果はおよそGDPの0.2％ほどであり，これを先の金融危機にかかった直接コストを回収する財源とすると15年から25年かかることになる。これまでのところ，金融取引税と金融活動税はいずれもヨーロッパでは普及しているとは言えない。

金融取引への課税は，何も新しい課税ではなく，これまでも多くの国々で実施されてきた。ただし，証券取引への課税の形をとるのが一般的であり，税収はおおむねGDPの0.5％以下とみられている。各国政府は，1990年代以降，金融グローバル化に直面したことから，資本コストの低減と国内の金融市場の競争力の強化を求めて，この20年来，税率の軽減や廃止の傾向にあった[6]。

日本においても，過去に有価証券取引税（1953〜1999年）や先物取引とオプション取引を対象とした取引所税（1990〜1999年）が実施されていた。1990年代を平均するとGDPの0.1％程度の税収があった。

金融取引税の実現可能性と有効性については，かねてから疑問を示されることが多かった。しかし最近では，次のような支持の考え方もみられるようになった。

マカロック氏は，金融取引税は実行可能であり，経済取引に大きな歪みを与えることなく，相当に大きな税収をあげることができる。しかし，実証研究をみる限り，金融市場の安定化に役立つともいえないが，不安定化させるともいえない。総じてそれほど悪い提案ではない，としている[7]。

また，シュルマイステル氏は，経済危機は株式相場，為替相場，商品相場の

不安定から引き起こされたが，金融取引税によりこれを緩和できる。危機対応の結果，財政再建が必要になったが，そのための大きな税収を生み出すことが可能となる。同じ税収を確保するために金融取引税は，付加価値税よりも実態経済に与える影響を比較的小さくすますことができる，としている[8]。

第3節　EU金融取引税

1. 欧州を中心とした金融課税の動き

　金融セクターに対する課税の議論は，G20レベルでは2009年9月に開催されたピッツバーグ・サミットに始まった。金融危機に際して，EUでは，金融セクターに投入された公的資金は危機対応とはいえ多額にのぼるといわれ，総額4.6兆ユーロに上る資本増強や債務保証が行われている。このサミットでは，IMFに対し，金融システム安定化を目的とした政府介入によるコストを金融セクターに対し負担させることについての選択肢を示す報告書を，次回のサミットまでに用意するよう指示をした（首脳声明）。

　他方で財務レベルでは，同年11月に開かれたG20財務相・中央銀行総裁会議において，ゴードン・ブラウン英首相は，国際的に活動する金融機関の破綻に備えて，破綻処理費用を金融機関自らが用意する仕組みの一つとして国際金融取引税も選択肢に含めて検討することを呼びかけた。これを受けて，米国のティモシー・ガイトナー財務長官は金融取引税には反対の考えを示唆し，カナダ，ロシア，IMFも批判的な見解を示した。これに対して，EUでは，財務相理事会やユーロ圏財務相会合において，国際金融取引税を検討することになった。こうした議論の中で，英国は，金融取引税を議論するにあたって将来の金融危機に対する全世界の視点を強調するようになり，EU域外のニューヨークや東京などの金融センターにも課税されない限り，金融取引税は機能しないとの認識も示すようになった。

　EUにおける金融セクターに対する課税の議論は，金融危機および経済危機を受けたEUの財政強化策の一環として2009年に議論が開始されている。当初は金融危機対応のための金融セクター課税だけではなく，環境問題に対応す

るためのエネルギーに対する課税なども議論されていた。その後，G20 での議論や金融危機の深刻化を受けて，金融セクターに対する課税に論点が絞られていった。

ピッツバーグ・サミットでの要請を受け，IMF は，2010 年 6 月の G20 トロント・サミットに報告書を提出した。その中で，IMF は，金融セクターからの貢献の選択肢として，将来の金融機関の破綻に対する財政上のコストを負担させる金融安定負担金と金融機関の利益や報酬に課税する金融活動税を提案し，EU が求めていた金融取引税については，G20 が指示した特定の目的に適合していないと退けた。この G20 サミットでは，金融規制改革に関連して，金融セクターに公平かつ実質的な貢献をもとめるとの原則は合意されたが，具体的な課税に関する合意は得られなかった。これは，欧州が金融セクター課税を国際的に導入すべきと主張したのに対して，議長国のカナダ，オーストラリアや新興国がこれに反対したためである。

2. EU における金融取引税の提案

こうした中で，欧州では独自に金融セクターへの課税の検討が進められた。EU が金融取引税の検討を進める背景には，① 世界金融危機に対応するための積極的な財政出動等を背景に，EU 諸国の公的債務が急速に悪化したこと，② 金融危機の間，EU 加盟国は金融機関の救済のため 4.6 兆ユーロにのぼる支援を行ったこと，③ 金融サービスが付加価値税において非課税のために，金融機関が巨額の税負担を免れてきたことがある。

2010 年 10 月，欧州委員会は，金融セクターへの課税の構想の概要を公表し，国際的な課題の資金源として金融取引税を支持するとともに，EU レベルでは金融機関の利益や報酬に課税する金融活動税が望ましい選択肢であるとした。

2011 年 9 月には，欧州委員会は，EU 域内での金融取引に課税する金融取引税導入のための指令案を公表した。

欧州委員会によると，金融取引税の導入の目標は，① 金融取引に対する国により相違する各国の税制措置の調和を図ること，② 金融危機を引き起こした金融セクターが，公正かつ相当な貢献をすること，③ 金融市場での競争を

促し効率性を向上させることを通じて危機回避の規制措置を補完することである。

EU 指令案の金融取引税は，EU 域内に設立された金融機関間（少なくとも取引の一方が EU 域内）で行われるすべての金融取引を対象とする。債券，株式，デリバティブを対象とし，店頭取引も含まれる。金融取引の域外への流出リスクが減少するように，金融取引が EU 域外で行われた場合でも，EU 域内に設立された金融機関が取引に関与する場合には課税されることとなっている。

通貨取引については直物取引を課税対象外とするが，デリバティブ取引には課税される。個人と中小企業の金融取引は課税対象外となる。これらにより，金融取引税は，金融取引全体の 85％に課税するものと見込んでいる。

税率の下限は，証券や債券の取引が 0.1％，デリバティブ取引が 0.01％となっている。加盟国はこれよりも高い税率で課税することもできる。EU 全体で年間約 570 億ユーロの税収が見込まれるが，そのうち約 2/3 がデリバティブ取引を，そのうちの約 8 割が金利関連デリバティブ取引からの税収と見込まれている。その一方で，金融取引税の導入によりデリバティブ取引の 9 割が減少し，長期的に EU 域内総生産（GDP）が 0.53％減少するとの試算も示された。

3. 限定された参加国による試み

指令案が公表されると，英国は，世界的に導入されない限り反対するとの立場を強調した。この背景には，ユーロ圏のみで金融取引税が導入された場合に，見込まれている税収 220 億ドルのうち 130 億ドル（59％に相当）が英国に拠点を置く金融機関から徴収されるため，英国はその分だけ税収を奪われてしまうものと見込まれていることがある。

スウェーデンは，かつての自国の経験から金融取引税の導入に反対している。それは 1984〜1991 年に有価証券取引税を導入したことがあり，その際，株式，債券，デリバティブ取引の 90〜99％がストックホルム市場からロンドン市場に流出し，税収を大きく減らした経験があるからである。

こうした中で 2012 年 5 月，欧州議会では，欧州委員会の提案を支持する立

場が採択されたが，その後の EU 財務相理事会では，指令案について加盟 27 カ国の全会一致の合意を得ることは不可能であると判断された。アイルランドやオランダなどユーロ加盟国にも消極的な立場が示されたことからユーロ圏よりもさらに限定した中核国を中心として，「強化された協力」を通じて金融取引税の導入が進められることとなった。

　ユーロ圏 11 カ国により金融取引税を先行導入する強化された協力の枠組みは，2012 年 10 月，欧州委員会により，必要な法的条件を満たしているとされ，欧州議会から 12 月に適用の同意を得て，翌年 1 月には，EU 財務相理事会がこの適用が承認された。残された手続きとしては，理事会により示される指令案を参加する 11 カ国の全会一致の合意により採択されることである。

　新指令案は，2013 年 2 月に欧州委員会から 11 カ国に示されたが，金融取引税の税率は，旧指令案と同じく，株式および債券の取引に対しては最低 0.1%，デリバティブ取引には最低 0.01% とされている。また新指令案においても，金融取引税の導入は 2014 年 1 月 1 日と予定されている。

4. フランスとイタリアの金融取引税の先行導入

　フランスは，金融取引税の導入について EU 内での議論が膠着状態に陥る中で，2012 年 8 月から先導的に導入課税を開始した。フランスの金融取引税は，株式などに課税対象や課税範囲を限定しているのが特徴である。課税対象は，① フランスに本社のある時価総額 10 億ユーロ以上の大手企業の上場株式の取得（税率 0.2%），② ヘッジ目的以外の国債の CDS（クレジット・デフォルト・スワップ）の取得（税率 0.01%），③ 高頻度取引（税率 0.01%）である。金融商品全般を対象とする欧州委員会の提案と比べると対象を大幅に限定したものとなっており，大手企業の上場株式以外の株式，債券，特定の CDS 以外のデリバティブには課税されない。2012 年度の税収は，5.37 億ユーロ，2013 年度は 15.4 億ユーロと見込まれている。しかし，ユーロネクスト・パリは，課税対象の株式の取引が非対象の株式の取引に比べて実際には 15% 減少しているとしている。

　フランスに続いてイタリアでも金融取引税を導入している。イタリアでは，① イタリア企業の株式等の取得に対する課税，② イタリア企業の株式等に係

るエクイティ・デリバティブ取引に対する課税，③ 高頻度取引に対する課税，の導入を決定した。いずれも 2013 年に導入されている。このイタリアの金融取引税は，フランスに類似した税制となっている。

5. EU における新指令案

　新指令案が提案する金融取引税は，原則として，① 強化された協力の参加国である 11 カ国で金融機関が設立されている場合，② 金融機関が 11 カ国で設立された者（非金融機関を含む）と金融取引を行う場合，または ③ 取引する金融商品が 11 カ国で発行されている場合には，金融取引がどこで行われているかにかかわらず，課税するものとなっている。

　新指令案はフランスやイタリアの税制と異なり，包括的に金融取引を課税対象としている。また，銀行や保険会社のみならず，ヘッジファンドや年金基金を含む機関投資家など，金融セクターにおける幅広い事業者が課税されることとなっている。

　11 カ国による金融取引税の導入は，新指令案においても 2014 年 1 月 1 日からの予定であったが，大幅に後ろ倒しになった。11 カ国が「強化された協力」の方式で金融取引税の導入を承認した EU 財務相理事会決定をめぐり，英国が取り消し請求を欧州司法裁判所に提訴し，2014 年 4 月 30 日に同裁判所は請求棄却の判決を下すとの事情もあったからである。この後，5 月 6 日ユーロ圏財務相会合において，「遅くとも 2016 年 1 月 1 日に導入」との合意を示し，残った技術的問題を解決し実行可能な解決策を年末までにまとめ上げることになった。これらは 10 カ国の共同声明として示されたが，この今回の合意は，11 カ国でなく 10 カ国によるものとなった。なお，この 10 カ国は，オーストリア，ベルギー，エストニア，フランス，ドイツ，ギリシャ，イタリア，ポルトガル，スロバキア，スペインである。当初賛意を示していたスロベニアは今回合意に加わらなくなった。

6. EU 金融取引税の今後の見通しと留意点

　今後，この 10 カ国は新指令案の内容を検討することとなるが，提案に沿って包括的な金融取引税が適用されることになれば，参加国を中心に欧州の金融

市場に与える影響は軽微でないと予想される。参加国外の金融機関は課税される参加国の金融取引を回避することも想定される。欧州委員会は，300～350億ユーロの税収増加を見込んでいるが，このとおりには実現できないとの懸念も示されている。

さらに，欧州委員会の課税方式は，機関投資家をも対象としており，マーケット・メークを含めた金融仲介機能に対する配慮もされていないといわれる。金融取引が，連鎖的に課税されることから，カスケード効果（cascade effect）が生じて枠組みの外の取引に比べて何倍もの重い税負担が生じるとの問題もある。

短期金融市場への影響も懸念される。例えば，オーバーナイトのレポ取引を繰り返し続ける場合，税率は0.1％であっても1年間（約250営業日）の累積でみると税率は25％に達するなど不都合が生じる。また，日本の金融機関等（機関投資家を含む）にとっても参加国に金融取引税が導入されれば，一定の要件を満たすと，課税が生じることになるので注意が求められる。

第4節　まとめ

金融取引税は，それ自体は取引コストを引き上げることになるので，効率性の観点からは，阻害する可能性がないとはいえない。しかし，過度の市場変動を抑制するために，望ましくない取引に対して課するものという理由づけは説得的である。通信技術の進展により今日のように取引コストが飛躍的に低下した市場においては，望ましくない取引を抑制する必要性がなおさら重要になってくる。また，金融取引税は市場の変動を必ずしも安定させるとはいえないものの，場合によっては，安定の方向に寄与する。この意味で金融取引税の経済的機能に対しては，これまで以上に好意的に評価していいように考える。

欧州で試みられている金融取引税については，恒常的な財源確保を求めるという目的を外すことができない。しかし参加国が限定されるとの見通しの下では社会的な費用分担を求める会費としての性格付けを課税根拠に求めるには無理がある。早急にすべての関係国に導入されるよう努力を期待したい。金融取

引税をめぐる欧州の動きは，日本にとって決して対岸の出来事ではない。欧州各国の動向には，日本の金融活動にも影響が大きいことから，引き続き注目する必要がある。

注
1) IMF (2012).
2) Keen (2011).
3) Matheson (2011).
4) Keen and de Mooij (2012).
5) IMF (2010).
6) Matheson (2011).
7) McCulloch (2011).
8) Shulmeister (2009).

参考文献
小立敬・井上武 (2013)「欧州の金融取引税の導入に向けた進展」『野村資本市場クォータリー』16(4), 137-150 ページ。
山口和之 (2013)「トービン税をめぐる内外の動向」『レファレンス』63(2), 29-58 ページ。
Brondolo, J. (2011), "Taxing financial transactions: an assessment of administrative feasibility," *International Monetary Fund*.
IMF (2010), "Fair and substantial contribution by the financial sector," *Final report for the G-20, European Commission, Taxation of the financial sector, COM (2010), 549(5)*.
—— (2012), "Fiscal Monitor: Balancing Fiscal Policy Risks" (*Washington, April*).
Keen, M. (2011), "Rethinking the taxation of the financial sector," *CESifo Economic Studies*, ifq019.
Keen, M. and de Mooij, R. A. (2012), "Debt, Taxes, and Banks (PDF Download)," *International Monetary Fund*.
Matheson, T. (2011), "Taxing financial transactions: issues and evidence," *International Monetary Fund*.
McCulloch, N. and Pacillo, G. (2011), The Tobin Tax: a review of evidence, IDS Research Reports, 2011(68).
Schulmeister, S. (2009), General Financial Tax: a short cut of the pros, and cons and a proposal (No.344), WIFO.
Seely, A. (2014), "The Tobin Tax : recent developments," *Commons Library Standard Note*. (http://www.parliament.uk/briefing-papers/SN06184.pdf)

（知原信良）

第 13 章
知的財産権とイノベーション

はじめに

　ICT 革命（情報コミュニケーション技術革命）が 2000 年頃に起こって以降，情報や知識は，容易にインターネットに乗り，世界中に伝播することになった。そして，情報や知識（いわゆる形式知）は，従来よりもずっと低コストで誰でも簡単に入手が可能となった。結果的に，世界中で情報や知識の価値は，それ以前に比べて低下したといえよう。例えば，インターネット辞書の普及と充実によって，わざわざ『現代用語辞典』のような本で調べる必要性は低下してその役割は失われていったし，料理のレシピもいまや，インターネットで検索すれば，誰でも無料ですぐに簡単に作り方を知ることができる。一方，ICT 革命後のこの 15 年間ほどで，年間に取得されている米国特許の件数は約 2 倍に増加している。すなわち，イノベーションが従来よりも活発に行われ，その成果物である新技術を特許権として取得する傾向がますます強まっていると考えられる。換言すれば，ICT 革命以降のグローバル化した競争は，労働集約型産業から知識集約型産業に移行させ，企業は，差別化戦略を採るにせよ，低コスト化戦略を採るにせよ，他社には無い新技術や新しいアイディアの重要性が高まったといえよう。
　本章の目的は，なぜ特許権の取得件数が増加しているのか，その今日に至る要因を分析することに置かれている。特に，その要因を 3 つの側面，すなわち，政策的側面，技術的側面，そして競争的側面から考察してゆきたい。

第1節　特許権重視政策への転換

1. 米国プロパテント政策

　歴史的な技術覇権を見てみると，20世紀は主に米国が圧倒的な技術力を保持していた（林, 1989；菰田, 1980 1981；大西, 1994；關, 2000）。米国は第二次大戦後，圧倒的に強い産業力と軍事力を背景にして，経済を発展させた。しかし，戦後20年頃より日本の高度経済成長によって米国の多くの産業が並ばれ追い抜かれていった。さらに，ベトナム戦争（1960-1975年）での米国の敗退や，ドルショック（1971年）と貿易赤字への転落，そして産業の空洞化も起こり米国は危機感を抱くようになった。

　そのような背景の中，米国では1980年に「バイ・ドール法」が制定されたことによって，企業は積極的に基礎的な科学技術研究の成果を特許権化できるようになり，技術の私有化が進んだ（洪, 2009）。そして，米国の技術力の復権を目指したレーガン大統領は「強い米国」を掲げ，1985年に米国産業競争力委員会から強い米国の復活を提言する「ヤング・レポート」を受け，米国の「プロパテント政策」（特許重視政策）が始まったのである。このレポートの内容は，日本や欧州の先進工業国に対して新技術の創造と応用，特許，著作権などの知的財産権の保護強化を提言したものであった[1]。その後1988年に包括通商競争力法，スペシャル301条では，知的財産権の保護を目的としており，知的財産権の保護政策が十分でない国には米国通商代表部が調査を行うとするものであった。

　そうした米国のプロパテント政策によって，1990年代には米国企業（または個人発明家）が日本企業を訴える事件が頻繁に起こった。特許権の侵害訴訟は，日本企業にとって，ただ製品が販売停止に追いやられるばかりでなく，莫大な損害賠償額も大きな脅威となった。例えば，1992年に起こったハネウェル社によるミノルタ社へのオートフォーカス技術をめぐる特許権侵害訴訟では，ミノルタ社がハネウェル社に約165億円を支払って和解となり，同じく1992年にはJ. コイル氏個人がセガ社のテレビ画面表示技術について特許権侵

害で訴え，セガ社がコイル氏に約 57 億円の支払いすることで和解するということが起こった（關, 2000 ; 181）。

2. プロパテント政策以降の傾向

図 13-1 は 1980 年から 2013 年までの米国特許庁（U.S. Patent and Trademark Office: USPTO）において取得された毎年の特許件数である[2]。これをみると，1987 年頃から 1997 年頃の 10 年間で，年間 9 万件から 12.4 万件に増加を始めている。そして，1998 年以降になると，さらに毎年の取得数が増えており，年間 15－17 万件程度取得されている。そして，2010 年からは，急激に 25 万件から 30 万件へと増加している。

他方，一般的に国際的な企業は特許権を自国のみならず米国特許庁（以下 USPTO）にも申請することが多い。表 13-1 は USPTO における 2000 年から 2013 年の米国特許庁で取得された米国以外から取得された上位 10 カ国の特許

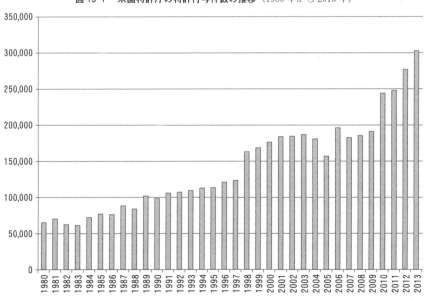

図 13-1　米国特許庁の特許付与件数の推移（1980 年から 2013 年）

（資料）　USPTO（2014）より筆者作成。

154　第3部　グローバリゼーションと企業倫理

表 13-1　米国特許庁における国外からの特許取得件数（上位 10 カ国）

		2000 年	2005 年	2010 年	2013 年
1	日本	32,922	31,834	46,977	54,170
2	ドイツ	10,824	9,575	13,633	16,605
3	韓国	3,472	4,591	12,508	15,745
4	台湾	5,809	5,993	9,636	12,118
5	カナダ	3,925	3,177	5,513	7,272
6	中国	161	565	3,303	6,597
7	フランス	4,173	3,106	5,100	6,555
8	イギリス	4,081	3,551	5,029	6,551
9	イスラエル	836	976	1,917	3,152
10	イタリア	1,967	1,591	2,254	2,930

（資料）　USPTO（2014）より筆者作成。

件数である。この表からは，韓国，台湾，中国，イスラエルといった国々がこの 14 年の間に大きく特許取得件数を増やしていることがわかる。したがって，こうした米国以外の国々からの米国特許取得が全特許数増加の大きな原因になっていることがわかる。

3. 国際的知的財産権保護と標準

　WTO や，国連の専門機関である WIPO（World Intellectual Property Organization：世界知的所有権機関）は，知的所有権の保護を強化することが各国の企業や国家の競争力を高めるために有効であるという視点から，各国の知的財産権の保護制度を統一化するための活動を行っている。

　1995 年 1 月 1 日，WTO（世界貿易機関）では，TRIPs 協定（Agreement on Trade-Related Aspects of Intellectual Property Rights：知的財産権の貿易関連の側面に関する協定）が発行された。これは，特許権を保護しない国は，モノの自由貿易に参加させないというものであった。このような政策的な変遷を経て，国際的な特許権重視の傾向が作り上げられたのである。

　ちなみに，WTO 加盟国は，TBT 協定（Agreement on Technical Barriers to Trade：貿易の技術的障害に関する協定）にも合意している。TBT 協定とは，1979 年 3 月に GATT（関税及び貿易に関する一般協定）東京

ラウンドによって国際協定として合意された GATT スタンダードコード（基準・認証制度が貿易障壁として用いられないようにする目的で決められたもの）が 1994 年 5 月に TBT 協定として改訂し合意され，1995 年 1 月に WTO 協定に包含されたものである。これは，国際的な標準技術を優先して採用することを世界的ルールとして取り決めたものである。したがって，WTO 加盟国は，標準を決定する際には国際規格を基本として採用することが義務づけられている[3]。

第 2 節　モジュール化による技術の所有権化の促進

1. モジュール化と所有権

　企業の経営環境において特許が重視されるようになった大きなもう 1 つの要因は，労働集約型産業から知識集約型産業への産業形態の変化，とりわけモジュール化の進展が挙げられる（Baldwin and Clark, 2000; 青木・安藤, 2002）。例えば，パソコンに代表されるように，モジュール化の進展は製品の構成要素を小さな単位に分断可能にしながらも互換性の保持によって，各々の構成要素を独立に技術開発することを可能にし，それらの譲渡を容易にした（池田, 2002: 118-119）。Bresnahan and Greenstein (1999: 3) は，これを「分割された技術的リーダーシップ (divided technical leadership)」と呼んでいる。Bresnahan and Greenstein によれば，1990 年代初頭までの特定の売り手と買い手による安定した産業構造は終焉し，1990 年代中期以降では多くの売り手は特定の買い手に対して供給する「競争的衝突 (competitive crash)」を引き起こしたと指摘している。

　製品の構成要素が異なる企業によってバラバラに開発され，譲渡可能ということは，開発企業は自らの技術の所有権が自社に明確に帰属されている必要があるので，技術の所有権である特許権がより重要な意味を持つようになった。他方，このことは，特許権の付与が原則的に先願主義であることから，企業間の迅速な技術開発と，迅速な特許申請というスピード競争の傾向をより強める側面を有している。

2. アンチコモンズの悲劇と特許法

　特許権は，特許法によって新技術の詳細を広く社会に公表する代わりに，政府から発明者に対し一定期間当該技術の排他的使用を認めた権利である。これは独占禁止法からも除外される。技術を社会に公開しその知を共有することは，技術の社会的普及の側面である。対照的に，発明者への一定期間の保護とは，技術を独占するインセンティブによって産業のイノベーション促進という側面がある（金，2004; 100）。もし，発明者が保護されずに技術を独占できないとすれば，フリーライダーや模倣を助長し，発明者の研究開発投資の回収が困難になってしまうばかりかフリーライダーが得をすることになる。そうなれば，発明・開発への投資誘因は著しく阻害されてしまう（金，2004; 104）。したがって，発明者が積極的に継続して研究開発を行うためには，特許権による一定期間の技術保護とその独占が不可欠なのである。

　ところが，ヘラー＝アイゼンバーグ（1998）は知識の私有化はコモンズの悲劇（Hardin, 1968）を解決したが，「アンチコモンズの悲劇」という新たな悲劇を生み出したと指摘する。すなわち，かつては米国におけるバイオ分野の研究の多くは連邦政府の研究機関や大学等非営利機関によって実施されており，その研究成果は誰でも利用できる状態にあった。しかし，80年のバイ・ドール法の成立以降，川上の基礎的な研究成果の私有化が進み，いまや知的財産権の蔓延ともいうべき事態が生じている。このような川上の基礎研究部門（例えば特定遺伝子をコードするDNA配列）における特許権の乱立は，川下の最終製品（例えば薬剤）の開発をブロックしたり，ライセンス時のさまざまな条件により川下での利用に多大な負担を強いることとなる。しかも，川上における権利は細切れで権利者は多数に及び，当事者間の取引コストが高い上に関係者間の異なる利害関係や権利の価値を巡る評価の相違等の要因が加わるため，従来のパテントプールといった手法は有効に機能せず，結果的に資源の過少利用という「アンチコモンズの悲劇」が起こっているという（中山，2001）。

第3節　イノベーション促進と特許法

1. パテント・プールと競争促進効果

　パテント・プールは，日本の公正取引委員会によれば，「ある技術に権利を有する複数の者が，それぞれが有する権利又は当該権利についてライセンスをする権利を一定の企業体や組織体に集中し，当該企業体や組織体を通じてパテント・プールの構成員等が必要なライセンスを受けるものをいう」と定義されている（公正取引委員会，1999; 7）。同じく，米国特許庁（USPTO）によれば，パテント・プールとは，複数の特許権者が所有する特許を第三者にライセンスする特許権者間の合意のことであると定義されている（USPTO, 2000; 4）。

　本来，パテント・プールは競争関係にある企業間の共同行為であり，不当な取引制限として独占禁止法に抵触する可能性を内包しているが，競争促進効果を持つため独占禁止法違反とはならないのである（加藤，2008: 79）。公正取引委員会では，パテント・プールについて独占禁止法の観点から次のような立場を示している。すなわち，パテント・プールは競争を促進する効果を有し得るものであり，また第三者がプールされている特許等を合理的な条件で使用することを制限されなければ，それ自体が私的独占として問題となるものではない，と定めている（公正取引委員会，1999; 7）。同じく，米国の独占禁止法（反トラスト法）のガイドラインでは，パテント・プールの競争促進効果として，(1)補完的技術の統合をもたらす，(2)取引コストを削減する，(3)特許によるブロッキングを取り除く，(4)高額な侵害訴訟を回避できる，という4点を挙げている。とりわけ，補完的技術の統合が競争促進効果の中で最も重要な役割を果たしている（加藤，2008: 79-80）。

2. コンソーシアムとパテントポリシー

　上述のように，技術の権利が分散し取引コストが高いため，アンチコモンズの悲劇はパテント・プールでは十分に解消できない。さらに産業構造がモ

ジュール化し,互換性の保持などは売り手企業と買い手企業による擦り合わせが必要となっている。

近年では業界の「コンソーシアム」を作ってこの問題を解消しようとしている。コンソーシアムは業界の企業によって組織される団体であり,その活動目的は主として標準化活動である(梶浦,2007: 97)。コンソーシアムは,公正取引委員会や米国特許庁の定義に照らし合わせてもパテント・プールと同様であるといえるが,その活動の最大の目的は迅速かつ安定した業界標準の決定に置かれ,そのために競合企業が集まっている点が大きな違いであるといえよう。

標準は経済効率を高めるので標準形成のためのパテント・プールは合理性が高い(滝川,2003: 277)。日本の公正取引委員会(2005)では,『標準化に伴うパテントプールの形成等に関する独占禁止法上の考え方』を発表している。これによれば,標準化活動は,基本的には多数の競争事業者が活動を公開し共同で規格を策定し,広く普及を進める活動,としている。但し,(ア)販売価格等の取決め,(イ)競合規格の排除,(ウ)規格の範囲の不当な拡張,(エ)技術提案等の不当な排除,(オ)活動への参加制限,については独占禁止法に抵触するおそれがあるとしている。

コンソーシアム標準化(またはコンセンサス標準化)に関する研究は,近年積極的になされているが,本章で特に注目すべき点は,コンソーシアムではパテント・ポリシーが定められており,メンバー企業に対し「RAND (reasonable and non-discriminator:合理的かつ無差別的)条件」による特許権の開示が明言されていることである[4]。コンソーシアムなど標準化機関によってその規定に差は見られるが,その内容は概ね以下の3点に集約される。すなわち,(1)標準化する予定の技術に特許が存在することを認識した者は,それを標準化作業の場に報告する,(2)報告された特許を有するものは,その技術が標準化された際に,その特許をどのようにライセンスするかを宣言する。なお,有償で提供する場合は「非差別かつ適切な価格でライセンスを提供する」ことを宣言することが求められる,(3)標準化団体は,特許の有効性,ライセンス契約等に一切関知しない,という3点である(江藤,2007: 191)[5]。このようなパテント・ポリシーを設定することによって,コンソーシアムに参加するメンバー間での特許問題が後に発生することを回避し,迅速な技術開発と商

第 13 章　知的財産権とイノベーション　159

品化，さらにはその普及を行おうとするのである。

注
1) これ以外では 1980 年，微生物を特許として認める判決が連邦最高裁で出された。そして 1981 年，これまで著作権で保護していたコンピュータ・ソフトウェアを特許で保護するという判決を連邦最高裁が認めた。さらに，1982 年，特許に関する専門の裁判所，いわゆる「特許裁判所」が設立された。
2) ただし，この特許数には企業ばかりでなく大学や個人によって取得された特許数も含まれている点に注意を要する。
3) 日本知的財産仲裁センターによる 2008 年の報告書によれば，国際協定によって国際標準を採用してゆくという流れは 2000 年以降に変化したと指摘している。標準化プロセスの変化は 4 点指摘されている。(1)国際標準を作る方法と手順が簡便化（ファーストトラック制，公開仕様書 PAS，国際ワークショップ協定 IWA などが導入された）されたこと，(2)技術の多様性から生じる革新的な可能性を確保するため国際規格に一定の幅を持たせるという考え方が容認されるようになり，マルチスタンダードが生まれるようになったこと，(3)標準化プロセスにおいて特許等の知的財産権の必須性判断，権利処理など作業割合が増大したこと，(4)標準化技術をコアにして各種の知的財産を組み込んだビジネス・スキームを構築するケースが増えてきたこと，である。
4) 「RAND」の綴りは論者によって「reasonable terms and conditions and non-discriminatory basis」と表記される場合もある。また，FRAND (fair, reasonable and non-discriminatory terms) と記される場合もある。
5) RAND については，紙幅の制約から本章では深く言及しないが，例えば，山田肇（1999），青木（2005），和久井（2005），清水（2006），IP 評価研究会（2008）などを参考にされたい。

参考文献
青木昌彦・安藤晴彦編著（2002）『モジュール化』東洋経済新報社．
青木玲子（2005）「米国の競争政策当局のアプローチ：経済的な問題を中心に」『技術標準と競争政策―コンソーシアム型技術標準に焦点を当てて―』公正取引委員会　競争政策研究センター, 31-47 ページ．
池田信夫（2002）「ディジタル化とモジュール化」青木昌彦・安藤晴彦編著（2002）『モジュール化』，東洋経済新報社, 103-124 ページ．
江藤学（2007）「知的財産と標準化」梶浦雅己編著（2007）『国際ビジネスと技術標準』文眞堂, 182-229 ページ．
大西勝明（1994）『日本半導体産業論』森山書店．
梶浦雅己編著（2007）『国際ビジネスと技術標準』文眞堂．
加藤恒（2006）『パテントプール概説』発明協会．
金正勲（2004）『技術標準化，パテントプール，そして競争政策』財団法人 知的財産研究所, 2004 年 3 月．
洪美江（2009）「米国バイドール法 28 年の功罪」『産学官連携ジャーナル』科学技術振興機構, Vol.5, 4-10 ページ．
菰田文男（1980）「戦後アメリカの技術政策」『東亜経済研究』（山口大学）第 47 巻第 3・4 号．
菰田文男（1981）「アメリカ多国籍企業の技術戦略―技術・情報の国際的ネットワークの確立―」『東亜経済研究』（山口大学）第 48 巻第 1・2 号．
清水克則（2006）「技術標準に関連する知的財産権の取り扱いルールの整備」『知財研フォーラム』知的財産研究所, Autumn, vol.67, 65-69 ページ．

關智一（2000）「国際技術戦略」林倬史編著『IT 時代の国際経営』中央経済社, 180-182 ページ。
滝川敏明（2003）「パテント・プールとライセンス拒絶に対する競争政策」後藤・永田編『知的財産制度とイノベーション』東京大学出版会, 275-307 ページ。
中山一郎（2001）「アンチコモンズの悲劇？─知識の私有化の光と影─」RIETI（経済産業研究所）, 16, 2001 年 9 月 18 日, http://www.rieti.go.jp/jp/columns/a01_0016.html（2008 年 10 月 14 日アクセス）。
林倬史（1989）『多国籍企業と知的財産権』森山書店。
山田肇（1999）『技術競争と世界標準』NTT 出版。
和久井理子（2005）「技術標準と特許─欧州公的標準化機関における知的財産権取扱い指針（IPR ポリシー）の検討─」『特許研究』No.39, 32-41 ページ。
IP 評価研究会（2008）『国際標準の問題点と解決への提言（IP 評価研究会報告書）』日本知的財産仲裁センター, 5 月。
公正取引委員会（1999）『特許・ノウハウライセンス契約に関する独占禁止法上の指針』[http://www.meti.go.jp/policy/kyoso_funso/pdf/tokkyo.pdf]（2008 年 11 月 24 日アクセス）。
公正取引委員会（2005）「標準化に伴うパテントプールの形成等に関する独占禁止法上の考え方」http://www.jftc.go.jp/dk/patent.html（2008 年 11 月 21 日アクセス）。
公正取引委員会（2007）「知的財産の利用に関する独占禁止法上の指針」2007 年 9 月 28 日, [http://www.jftc.go.jp/pressrelease/07.september/07092803.html]（2008 年 11 月 21 日アクセス）。
Baldwin and Clark (2000), *"Design Rule"*, The MIT Press（安藤晴彦訳『デザイン・ルール』東洋経済新報社, 2004 年）.
Bresnahan, T. F. and Greenstein, S. (1999), "Technological Competition and the Structure of the Computer Industry," *The Journal of Industrial Economics*, Vol.47, No.1, pp.1-40.
Hardin, G. (1968), "The Tragedy of the Commons," *SCIENCE*, Vol.162, 13, December, pp.1243-1248.
Heller, M. A. and Eisenberg, R. S. (1998), "Can Patents Deter Innovation? The Anticommons in Biomedical Research," *SCIENCE*, Vol.280, 1 May, pp.698-701.
USPTO (2000), *"PATENT POOLS: A SOLUTION TO THE PROBLEM OF ACCESS IN BIOTECHNOLOGY PATENTS?"*, December 5. [http://www.uspto.gov/web/offices/pac/dapp/opla/patentpool.pdf]（2009 年 10 月 3 日アクセス）.

（荒井将志）

第4部
グローバル化する環境問題への対応

第14章
地球温暖化対策と日本の対応

はじめに

　化石燃料や原子力の利用（ハード・エネルギー・パス）から脱却し，自然エネルギーを中心とする「ソフト・エネルギー・パス」[1]が提唱されてから，既に1/3世紀以上経過している。この間，日本は二度の石油危機を経験に，化石燃料依存から原発依存へエネルギー政策を転換させていった。化石燃料からの脱却は同時に地球温暖化対策への貢献も大きく，かつては2020年までに1990年比で25％削減，2050年に80％削減という，大いなる目標を示してきた。しかし2011年の東日本大震災以後，短期的には再び化石燃料依存に逆戻りし，貿易収支も赤字化させている。さらに2013年には，温室効果ガス削減目標もトーンダウンさせた。一方2012年より，ソフト・エネルギー的な政策も遅ればせながら始動しつつある。

　将来の日本の地球温暖化対策およびエネルギー政策はいかにあるべきか。本章はそれを検討する予備的考察として，近時の状況と政策を整理検討する。以下，第1節で京都議定書発効（2005年）以後の国際状況を整理し，第2節で日本の京都議定書達成状況を確認する。続く第3節で日本の温暖化対策を論評する。

第1節　京都議定書発効以後の国際動向

　21世紀に入り，温暖化対策は新たな局面を迎えた。例えば京都議定書[2]の附属書I国の温室効果ガス排出量は，1990年では全世界の43％であったが，

2005年には28％に低下し，2010年では全世界の1/4程度である。これは附属書Ⅰ国以外（アメリカや途上国など）も含めた全地球的な温暖化対策の必要性を示すものであり，京都議定書第2約束期間も含めて議論が進められていった。

京都議定書が発効した2005年，気候変動枠組条約第11回締約国会議（COP11）がモントリオールで開催され，京都議定書の運用ルールを確定するとともに，2013年以降の温暖化対策が議論の俎上に上った。COP11では，京都議定書第1回締約国会合（COP/MOP1）で京都議定書の運用ルールを確定するとともに各種委員会の設置などが決定された。また京都議定書以後の温暖化対策に関しては，アメリカや途上国など全ての国が参加する「長期的協力に関する対話」を開始することが決定した。

その後，数次のCOPを経て，2011年に南アフリカのダーバンにおいて，気候変動枠組条約第17回締約国会議（COP17），京都議定書第7回締約国会合が行われ，①「強化された行動ためのダーバン・プラットホーム特別作業部会」の設置，②京都議定書第2約束期間の設定に向けた合意，③カンクン合意実施のための決定などが合意[3]された。①は地球温暖化対策に関する新たな枠組みを構築する作業部会であり，遅くとも2015年中に作業を終えて，法的効力を有する合意を2020年から発効させる作業の道筋を合意したものである。②は削減目標の設定をCOP18（2012年，カタールのドーハ）で行うとともに，日本，ロシア，カナダは第2削減期間に不参加となった。③のカンクン合意は2010年メキシコのカンクンにおいてCOP16が行われ，「緑の気候基金」，先進国と途上国による各国独自の自主的な削減目標の設定と報告，などコペンハーゲン合意を更に具体化させたものであり，カンクン合意実施のための細目の検討と合意がなされた。

続く2012年にはドーハでCOP18が開催され，「ドーハ気候ゲートウェイ」が採択された。その主な内容は，①第2約束期間を2013年から8年間とするなどの京都議定書の改正と採択，②2015年までに2020年以降の国際的枠組を決めること，③途上国への資金・技術支援の基盤整備，④気候変動に関する長期資金提供への合意，である[4]。

2013年にはワルシャワでCOP19が行われた。その主な内容は，①温暖化

対策に関する 2020 年以降の枠組は 2015 年の COP21 で決定すること（ワークストリーム 1），② 全ての国が COP21 までに自主的削減目標を提出すること（ワークストリーム 2），③ 先進国は途上国に資金援助を継続する，④ 温暖化による「損失と被害」に対処する専門組織「ワルシャワ国際メカニズム」を新設，などであった[5]。また日本は温室効果ガスの削減を，2020 年に 2005 年比で－3.8％にするという暫定目標を提示した。

2014 年に入り，ダーバン・プラットホーム特別作業部会（ADP）が 3 月および 6 月にドイツのボンで開催され，ワークストリーム 1 および 2 を中心に議論が進められている[6]。

世界の温室効果ガス排出量は，2025 年頃には 1990 年の 2 倍を超えると予想されており，途上国が削減に参加しなければ温暖化防止の意味はない。京都議定書時代のダブルスタンダードでは問題の解決は困難で，途上国の参加をいかに実現するかが，今後のカギを握る。地球温暖化対策に途上国が協力するためには，① 先進国が更なる削減努力を進め，それを背景に途上国を説得すること，② 削減の国際技術協力を促進し，安価な削減技術を提供してゆくこと，③ 環境を重視しないと企業も消費者も国際的に存立し得ないという，環境重視の産業社会を伝道し，これをグローバルスタンダードにまで高めてゆくこと，などが求められている。

第 2 節　日本における京都議定書の達成状況

京都議定書の基準年は 1990 年，日本の削減目標は基準年比－6％である。1990 年における日本の温室効果ガス排出量は 12.61 億炭素トンであり，ここから－6％すると，11.86 億炭素トンになる。基準年から 20 年以上経過し排出量は漸増する一方，京都メカニズムの活用や森林吸収量の加算もあり，さらに 2011 年以降は東日本大震災に伴う原子力発電の停止が続いていることから，削減目標の実現は注視されてきた。

図 14-1 に示すとおり，2012 年の確報値は 13.43 億炭素トンである。5 年平均は 12.78 億炭素トン，基準年比＋1.4 であるが，森林吸収量が－3.9％，京都

166　第4部　グローバル化する環境問題への対応

図14-1　日本の温室効果ガス排出量推移

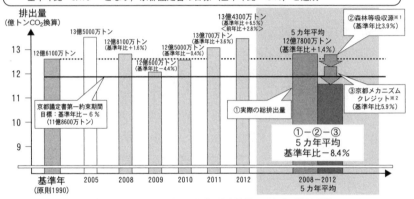

(出所)　温室効果ガスインベントリオフィス編・環境省地球環境局地球温暖化対策課監修『日本国温室効果ガスインベントリ報告書　概要（確定値）』，2014年4月。（一部補筆）

メカニズムが－5.9％であるため，合計で基準年比－8.4％となり，削減目標は達成された。2011年以降は原発の削減と火力発電の増加が生じていたが，その一方で，2008年～2009年はリーマンショックによる世界金融危機と，それに伴う円高や不況による経済停滞を経験している。日本は約束期間の温室効果ガス削減に関しては，森林吸収や京都メカニズムの活用もさることながら，景気低迷による削減期間前半の貯金が役立ったといえよう。

　日本は2011年のCOP17で2013年以降の第2削減期間からの離脱を表明し，現在はアメリカなどと同様に自主的な削減の道を歩んでいる。しかし火力発電の増加や景気回復に伴う経済活動の活性化など，削減に向けての努力はますます困難な課題を抱えている。

第3節　温室効果ガス削減に向けた国内対策

　日本における温室効果ガス削減対策は，1998年公布の「地球温暖化対策推進法」をもって嚆矢とする。これは当時日本がCOP3の議長国であり京都議定書成立の推進役であったこと，欧州諸国に比べ温室効果ガス削減が遅れていたこと，などによる。推進法の下で国，地方自治体，事業者（企業など），国民に対する温室効果ガス削減を喚起するとともに，その計画および実施状況の公表（国と地方自治体は義務，事業者は努力目標）を求めた。日本は2002年に京都議定書を締結し，それに伴い具体的な京都議定書策定計画や「地球温暖化対策推進本部」の設置などの法改正を行った。2005年，京都議定書発効に伴い，「温室効果ガスの算定・公表・報告制度」を創設し，一定以上の温室効果ガスを排出する事業者に算定と報告を義務づけた。2006年には京都メカニズム実施のための温室効果ガス排出割当量や口座簿を整備した。2008年にも京都メカニズムの運用改正を行った。

　2005年4月には温室効果ガス削減の具体的実施計画を示した「京都議定書目標達成計画」が，閣議決定された。その骨子は，①企業や事業所に自主的行動計画の策定を義務づけ，②減税措置（低公害車を取得した場合の自動車取得税の軽減措置，燃料税のうちバイオエタノール部分を無税化など），③温室効果ガス削減のための国民運動（「チーム・マイナス6％」，「クール・ビズ」，「ウォーム・ビズ」，「うちエコ」（家庭でできる温暖化対策），③温室効果ガス低減技術の開発（低公害車の開発，鉄道整備の推進，高度道路交通システムの推進など），④公的機関の削減努力，⑤温室効果ガス排出量の算定・報告・公表，などである。温室効果ガスの目標値は2008年に改訂された。

　2010年3月閣議決定された地球温暖化対策基本法案[7]は2012年の衆議院解散で廃案となったものの，京都議定書以後の日本の温暖化対策の方向性を示したものであった。法案の趣旨は，温室効果ガスの削減を2020年に1990年比で25％削減，2050年に80％削減とするものであり，数値目標の設定自体がその後の東日本大震災による火力発電増加などを背景に論議を呼んだ。しかし国

内排出量取引制度，炭素税導入，再生可能エネルギー利用促進など，近時の方向性を示したものであった。

また，同年1月にはそれまでの「チームマイナス6％キャンペーン」を「チャレンジ25キャンペーン」に改組し，① クールビズ・ワームビズ・マイバックに代表されるエコな生活スタイルの推進，② LED・省エネ家電・エコカーなど省エネ製品の選択促進，③ 太陽光発電の採用や太陽光や風力などのグリーン電力を利用する企業を支援するという，自然エネルギーの選択，④ ビル，住宅のエコ化，⑤ カーボンフットプリント・カーボンオフセット[8]によるCO_2削減を支援，⑥ 地域社会での温暖化防止（地域の環境活動に参加，カーシェアリング，レンタサイクル，公共交通機関の利用など）の指針を示した。

従来まで日本の温暖化対策は，欧米諸国と比べ環境税や炭素税などの課税手法がほとんど導入されておらず，低減税やエコポイント，各種補助金など緩い経済的インセンティブによる政策誘導が主体となっている。期待される誘導が成功した場合，技術開発の促進，エコビジネスの振興，経済成長などが実現できるが，結果の不確実性も伴っていた。

こうした状況の中で2011年に東日本大震災が発生し，原子力発電所が漸次操業停止され，LNGを中心とする火力発電が復活するに従って，二酸化炭素排出量も増大していった。図14-2に示すように，発電に占める原子力の割合は最盛時に37％（1998年），2000年代を通じて概ね20％代後半～30％代前半であったが，2011年は10.7％。2012年は1.7％にまで低下し，再生可能エネルギーと同程度の規模にまで減少した。結果として発電におけるCO_2原単位（$kgCO_2/kWh$）も0.4程度の数値が0.6近傍にまで上昇し，温室効果ガス削減の効率性を低下させている。

原発の安全性や環境に対する影響は重要な議論であるが，温室効果ガス削減への方向を政策的に誘導してゆくには，経済的手段の利用が望ましい。直接規制に比べ即効性や効果の確実性は劣るかもしれないが，産業・技術開発や，削減努力への経済的インセンティブが働くからである。具体的には，① 炭素税などのエネルギー消費抑制税制の導入，② 新エネルギー開発支援，③ 温室効果ガス削減費用の最小化，などである。

いずれも地球温暖化問題登場の早期から議論の俎上に上っていた政策手段で

図 14-2 電源種別の発電電力量と二酸化炭素排出量

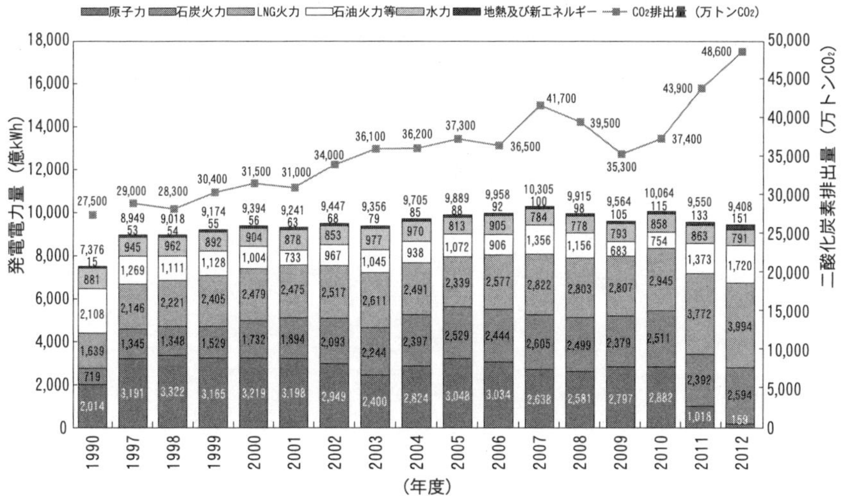

(出所) 温室効果ガスインベントリオフィス編・環境省地球環境局地球温暖化対策課「2012年度（平成24年度）の温室効果ガス排出量（確定値）に付いて」，2014年4月。

あるが，日本では東日本大震災をうけて本格的な検討がされていった。

まず①は平成24年度の税制改正で成立した制度であり，その概要を図14-3に示す。これは課税による経済的インセンティブを活用して，化石燃料を抑制することを目的にしている。2012年10月に導入し，二度の段階的引き上げ（2014年4月，2016年4月）を行うこと，税収は再生可能エネルギー促進や省エネに利用することとされている。家計への負担は，標準的な家庭で，段階的引き上げにより，各段階で月30円程度負担増となり，最終的には月100円程度の負担増が見込まれる。その税収は平成24年度（初年度）391億円，平成28年度以降（平年度）2623億円と見込まれている。また環境政策の経済的手段で重要な，課税による2重配当が期待される。すなわち，①課税による消費削減効果と，②税収による省エネ対策などの実施効果の2者であり，両者の効果を併せて CO_2 を2020年に1990年比で0.5〜2.2%削減，量にして600万トン〜2400万トン削減と推計[9]されている。

次に新エネルギー開発支援は，再生可能エネルギー固定価格買取制度が代表

図14-3 「地球温暖化対策のための税」

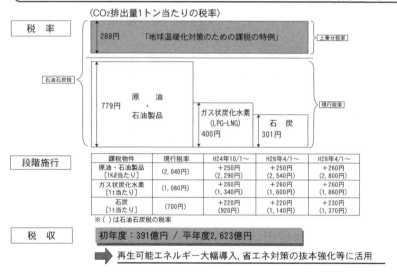

(出所) 環境省「地球温暖化対策のための税の導入」。

的であり，2011年夏に成立し，2012年7月からスタートした制度である。太陽光，風力，地熱，水力，バイオマスなどが再生可能エネルギーであるが，火力発電や原子力発電に比べて発電コストが高いため，従来から利用促進が進まなかった。そこで電源種別や発電容量などに応じて10～20年の固定買取価格を設定し，電力料金に上乗せする方法で自然エネルギーの開発推進を図る制度である。いわゆる自然エネルギーは2012年度で，一次エネルギー供給の1％程度であるが[10]，エネルギー自給の上昇は輸入エネルギー依存を低下させ，温暖化対策のみならず，国際収支赤字の改善も期待される。しかし，かつて日本は数十年かけて原発依存度を高めていったように，エネルギー構造の変革には時間とともに，エネルギーの消費者負担も大きくなることが想定される。

一方，温室効果ガス削減費用の最小化としては，国内排出量取引制度と2国間クレジット制度が挙げられる。そもそも排出量取引制度は，CO2削減コス

トの最小化を目的とするもので，国内，国際，2国間いずれの場合でも基本構造は同じである。ただし国内の場合は排出権（クレジット）購入費用が海外に流失しないため，温室効果ガス削減のための投資が国内に発生することから，技術革新や新規事業の出現を促進する。

　国内排出量取引は 2005 年の EU をはじめとして欧米で既に実績があるが，オーストラリアや韓国などアジア近隣諸国でも導入や検討が開始されている。日本でも 2005 年度から企業による自主参加型の排出量取引が開始され，公的な制度検討も 2008 年よりスタートしている。日本は現在も制度設計途中[11]であるが，2015 年の COP21 や 2020 年を見据えて，制度化法制化が急がれる。また例えば都県レベルにおいても，大規模事業所を対象に「温室効果ガス排出総量削減義務と排出量取引制度」（東京都）や「目標設定型排出量取引制度」[12]（埼玉県）など，先行して実施している地方自治体もある。

　一方，2国間クレジット制度は，日本が 2012 年をもって京都議定書第2約束期間より離脱したため，CDM を補完する制度として導入されたものである。2014 年 7 月現在，11 カ国と 2 国間クレジット文書の署名をおこなっている[13]。

　日本は 2010 年まで原子力を中心にエネルギー供給，エネルギー安全保障，温室効果ガスの削減を実施してきたが，東日本大震災はその基盤構造に大きなインパクトを与えた。原発依存への脱却は検討されつつあるが，その速度や経済へのインパクトにおいてなお意見は分かれる。2020 年の全世界的な地球温暖化対策に向けて，日本は抜本的な制度設計が作成できるのか，そのための時間は限られている。

注
1)　エイモリー・ロビンス著／室田泰弘・槌屋治紀訳『ソフト・エネルギー・パス』時事通信社，1979 年。
2)　京都議定書に関しては，拙稿「第 15 章　地球温暖化と新旧模索」馬田・木村編著『国際経済の論点』文眞堂，2012 年，を参照。
3)　日本政府代表団『気候変動枠組条約第 17 回締約国会議（COP17）京都議定書第 7 回締約国会合（CMP7）等の概要』2011 年 12 月 11 日，による。
4)　「国連気候変動枠組条約第 18 回締約国会議（COP18），京都議定書第 8 回　締約国会合（CMP8）等の概要と評価」外務省，2012 年，を参照。
5)　日本政府代表団『気候変動枠組条約第 19 回締約国会議（COP19）京都議定書第 9 回締約国会合（CMP9）等の概要と評価』2013 年 11 月 23 日，による。

6） 環境省「強化された行動のためのダーバン・プラットホーム特別作業部会第2回会合第4セッション結果概要」（平成26年3月17日），および「気候変動枠組条約第40回補助機関会合／強化された行動のためのダーバン・プラットホーム特別作業部会第2回会合第5セッション結果概要」（2014年6月17日），による。
7） 環境省・報道発表資料「地球温暖化対策基本法案の閣議決定について（お知らせ）」2010年3月12日，による。
8） カーボンフットプリント制度とは，原材料調達から廃棄やリサイクルにいたる商品ライフサイクル全体において，温室効果ガス排出量をCO_2に換算し表示する仕組みである。それによりCO_2をどれくらい排出しているのか，商品などに排出量を明示して購入選択時の目安にする事ができる。
   また，カーボンオフセットとは，日常生活や企業活動等による温室効果ガス排出量のうち削減が困難な量の全部又は一部を，他の場所で実現した温室効果ガスの排出削減や森林の吸収等をもって埋め合わせる活動を示す。すなわち，経済活動において排出される温室効果ガスについて，排出量に見合った温室効果ガスの削減活動に投資すること等により，排出される温室効果ガスを埋め合わせるという考え方である。
9） 環境省ホームページ「地球温暖化対策のための税の導入」による。
10） 資源エネルギー庁「平成24年度エネルギー需給実績（確報）」2014年4月，による。
11） 環境省地球温暖化対策課市場メカニズム室「国内排出量取引制度について」2013年7月，による。
12） 東京都環境局のホームページ（http://www.kankyo.metro.tokyo.jp/climate/large_scale/cap_and_trade/index.html）及び埼玉県環境部温暖化対策課のホームページ（http://www.pref.saitama.lg.jp/soshiki/f02/）を参照。
13） 日本政府発表資料「二国間クレジット制度（Joint Crediting Mechanism（JCM））の最新動向」，2014年7月。

（小野田欣也）

第 15 章
アジアにおける国際資源循環と拡大生産者責任

はじめに

　近年，廃棄物およびリサイクルに関する状況が大きく変化している。そうした変化の1つとして，再生資源や中古品などの循環資源の貿易が活発になってきたことを挙げることができる[1]。日本において，かつては国内で発生したものをいかにして適正に処理ないしリサイクルしていくかを考慮して，リサイクル制度が整えられてきた。しかし，国際的な資源循環が進むにつれて，国内のリサイクル制度に影響が生じる状況もみられている。

　また発展途上国に目を向けると，使用済みの電気電子機器（E-waste）等の処理にともなう環境汚染の問題が顕著になっているところもある。E-wasteには，金，銀，レアメタルなどの金属が含まれているが，それを得るための適正な技術のないまま，安易なリサイクルがおこなわれている国もある。そうしたところでは，国外から使用済み品が運ばれている場合もあり，不適正な処理・リサイクルがおこなわれる結果，周辺環境の汚染等につながっている。

　そうした状況を改善するために，発展途上国においても，近年，リサイクル制度が整えられてきている。日本や他の先進国と同じように，拡大生産者責任（Extended Producer Responsibility: EPR）の概念にもとづいた制度が導入されているが，まだまだ課題は山積している。

　本章では，アジアの国際資源循環において，使用済み品による汚染の問題を顕在化させないために，どのような仕組みが必要かについて考察する。その際，使用済み品の持つ2つの性質に注目し，回収ルートの観点から整理をおこなっていく。またEPRにもとづいたリサイクル制度についても考察を進めて

いく。

　なお本章の構成は以下のとおりである。まず第1節において，使用済み品の潜在資源性および潜在汚染性について整理する。この視点は，とくにE-wasteの問題を考えるうえで重要なものであるが，本節ではこうした性質と使用済み品の回収ルートの構築可能性の観点から整理をおこなう。第2節では，使用済み品の処理やリサイクルにともなう汚染の抑制のための方策に関して整理する。近年では，EPRの概念を取り入れたリサイクル制度が新興国でも導入されてきているが，そうした政策の効果について考察をおこなう。そして第3節において研究のまとめをおこなう。

第1節　使用済み品の資源性および汚染性と回収システム

1. 使用済み品の潜在資源性と潜在汚染性

　使用済み品の処理やリサイクルを考えるうえで，潜在資源性や潜在汚染性という性質に注目することが重要である[2]。使用済み品は，大量に集めてリサイクルすることによって，ふたたび素材等にすることができる。一方で，使用済み品には有害な物質が含まれている場合があり，不適正な処理がおこなわれることで周辺環境を汚染してしまう。どちらの性質も潜在的なものであるが，ある条件のもとでは，それが顕在化する。本項ではこうした2つの性質について整理してみることにしよう。

　まず潜在資源性についてみると，使用済み品が資源として価値を持つものになるかどうかは，経済条件によって変化する。具体的には，使用済み品がどのぐらい発生するのかという供給面と，回収されたものに対する需要面との関係によって大きく異なってくる。それまで逆有償取引されていたものが，状況の変化によって有償取引になる場合もある。

　図15-1は，日本における使用済みペットボトルの落札価格の推移である。これは容器包装リサイクル法のもとで，指定法人ルートで取引されたものに対して，再生事業者が落札した平均価格の推移となっている。この図において，2000年代半ばまではプラスの価格，つまり再生事業者が処理する際にお金を

図 15-1　ペットボトル平均落札単価の推移（1997 年度〜2014 年度）

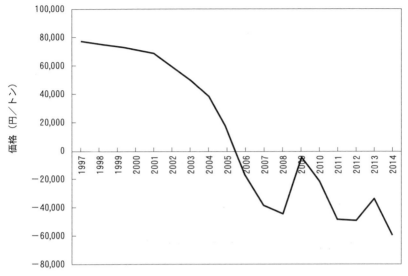

（資料）　日本容器包装リサイクル協会ウェブサイトをもとに作成。
（注）　2014 年 3 月 31 日現在。2014 年度の数値は上期の落札分のみである。

受け取っていたのに対して，近年ではマイナスの価格，つまり再生事業者がお金を払って回収されたものを買っていることが示されている。

　こうした変化の背景には，回収されたペットボトルに対する需要が大きくなっていることが挙げられるが，その要因の 1 つとして，国内だけでなく国外からの需要が高まっていることを指摘することができる。

　潜在資源性を顕在化させるための経済条件は，使用済み品の回収にかかる費用の大きさによっても影響を受けるだろう。たとえば E-waste には，さまざまな有用な金属が含まれているが，大量に集められなければ資源としての価値は低い。こうした使用済み品の回収との関係については，次項であらためて触れることにしよう。

　一方，潜在汚染性については，適正な処理ないしリサイクル技術をもちいることで，汚染の顕在化を防ぐことができる。しかしながら，適正技術の確保がむずかしい場合や，そうした処理・リサイクルをおこなうための費用を節約し

ようという誘因が働く場合には，汚染が顕在化してしまう。

前者に関して，たとえば発展途上国では，インフォーマルセクターにおいて，単純な技術にもとづいた E-waste の質の低い処理・リサイクルがおこなわれ，周辺環境の汚染等が生じているところもある[3]。この問題については，第2節でも取り上げるが，この点において日本の優れた処理技術がこうした汚染の顕在化を防ぐために貢献できる余地は非常に大きい。

また後者の処理費用を節約しようとする誘因に関しては，どのように処理・リサイクルされているかという情報が把握できない状況，つまり情報の非対称性が生じているときには，汚染の顕在化がおこりやすい。使用済み品が適正処理・リサイクルの経路から外れて，不適正な処理がおこなわれる不透明な経路に流れることで，こうした問題が生じるのである。

2. 潜在資源性および潜在汚染性と使用済み品の回収

前項に示した使用済み品の2つの性質について，回収ルートの構築可能性や汚染の顕在化の可能性という観点から整理してみよう。表15-1は，潜在資源性あるいは潜在汚染性の程度について，それぞれが相対的に高い場合と低い場合と分け，4つのタイプに分類している。

まずタイプ I のように，潜在資源性，潜在汚染性がともに高い場合について考えてみよう。E-waste はこのタイプに含めることができるだろう。汚染を顕在化させないためには適正な処理が必要となるが，資源性の高さばかりに注目して，安易な処理がおこなわれてしまうことで，周辺環境の汚染につながってしまっている。

E-waste の問題は，適正な処理やリサイクルのための技術が確保できないこ

表15-1 潜在資源性および潜在汚染性による分類

		潜在資源性	
		高い	低い
潜在汚染性	高い	タイプ I	タイプ II
	低い	タイプ III	タイプ IV

(資料) 筆者作成。

とも要因の1つであるが，国外から発展途上国へ持ち込まれるようなケースでは，適正な処理経路から外れて，不透明な経路に流れてしまっていることも要因の1つとして指摘できるだろう。資源性が高い場合，使用済み品を大量に集めようとする誘因が働くため，正規の処理ルートがあったとしても，別の回収ルートが構築されて，そちらに流出してしまう可能性もある。使用済み品の回収や輸送の費用はけっして安いものではないが，資源性が高いことによって，そうしたルートが新たに構築される可能性もあるのである。

一方，タイプⅡのように，潜在汚染性は高いものの，潜在資源性が低い場合はどうであろうか。このタイプも適正な処理・リサイクルの費用の支払いを避けようとする誘因が働き，不適正な処理につながってしまう可能性がある。ただ，先のタイプⅠとは異なり，使用済み品を大量に集めようとする誘因は働きにくいと考えられるため，適正な処理ルートを整備し，情報の非対称性が生じないような形で処理をおこなっていくことで，汚染の顕在化を防ぐことができるかもしれない。

このように，潜在汚染性が高い場合には，不適正な処理やリサイクルがおこなわれる可能性がある。さらに潜在資源性も高い場合には，正規なものではない処理ルートが構築される可能性もあり，どのように処理されるか把握できない不透明な経路に流出してしまう場合もある。

タイプⅢやタイプⅣについても，これまでの議論と同じように整理することができる。タイプⅢのように，潜在資源性が高く，潜在汚染性が低い場合，処理やリサイクルにともなって周辺環境が汚染される可能性は低いかもしれないが，新たな処理ルートが構築され，そのことによる影響が生じる可能性もある。

日本のペットボトルは，このタイプに分類できるかもしれない。リサイクル制度が整えられたことによって，自治体による分別回収が進んできたが，こうした取り組みによって，ペットボトルの資源性が高まったとみることもできる。現在，分別回収されたペットボトルのうち，半分近くが海外に輸出されており，国内のリサイクル市場に十分に回されていない状況にある[4]。

最後にタイプⅣについて取り上げよう。このタイプは潜在資源性，潜在汚染性ともに低い場合であり，処理・リサイクルにともなう周辺環境への影響も大

きくないため，あまり問題視されることはないかもしれない。ただし日本のように，最終処分場の容量不足といった別の制約がある場合には，異なった観点からそれを考えていく必要があるだろう。

これまでの議論をまとめると，潜在資源性の高い場合には，正規の処理・リサイクルのルートとは別のルートが構築される可能性がある。こうしたルートに流れることで，どのように処理・リサイクルされているかが見えにくくなり，不適正な処理につながる可能性がある。また潜在汚染性が高い場合には，適正な処理費用も高くつくため，それを避けようとする誘因が働く。それでは，こうした潜在資源性，潜在汚染性を踏まえて，汚染の顕在化を抑制するためにどのような仕組みが必要となるのか。この点について，次節で取り上げていくことにしよう。

第2節　汚染の顕在化抑制と拡大生産者責任

1. 汚染の顕在化とその抑制手段

前節では，使用済み品の潜在資源性および潜在汚染性について整理をおこなってきた。E-waste において，潜在汚染性が顕在化する背景には，適正な処理費用を避けようとする誘因と，回収・処理ルートの構築可能性という2つの要素を指摘することができる。一方で，顕在化した環境汚染をどう抑制するかという点については，環境政策的な視点から論じることができる。ここでは，廃棄物に関する経済学的な先行研究なども参考にしながら，この問題について考察してみることにしよう。

環境汚染などの問題は，経済学的には，外部不経済が生じている状況として捉えることができる。これを抑制する手段として，汚染の排出者に対する直接規制のほか，金銭的な支払いを課すなどの経済的手法等がある[5]。廃棄物処理やリサイクルにともなって生じる外部不経済の場合も同様に考えることができ，不適正な処理をおこなう主体へ対策を講じることによって，外部性の水準を抑制することが理論的には可能である。

しかしながら，現実経済に目を向けた場合に，そうした外部性をもたらす主

体への規制がむずかしい場合もある。たとえば，発展途上国のインフォーマルセクターによる E-waste の不適正な処理・リサイクルは，小規模で多数の主体によっておこなわれているが，こうした状況において，規制を進めていくことは容易なことではないかもしれない。

このように外部性を発生させる主体への対策が困難である場合，代替的な手段として，外部性の水準を抑制する活動，つまりこの場合で言えば，適正な処理を促進することで，不適正処理を抑制することが可能である。具体的な方法として，適正処理をおこなう主体に補助金を付与するというものを挙げることができるだろう[6]。経済理論の観点から言えば，外部不経済の原因となる主体に課税する場合も，その抑制に補助金を付与する場合も，ともに社会的に望ましい状態を実現することが可能である。

もちろん補助金の付与にも問題がないわけではない。補助金の財源をどうするのかという課題もあるし，また補助金を目当てとした新たな参入等の可能性についても考える必要がある。ただ，外部性の発生主体への対策が困難である場合には，その抑制につながる活動に補助をおこなうことが，必要となることもあるだろう。そうした点も踏まえて，次項では中国における家電リサイクル制度についてみていくことにしよう。

2. 中国の家電リサイクル制度と拡大生産者責任

中国では，2000 年代に入ってから，リサイクルに関する法制度が整えられていった。2000 年代後半には，家電の普及を促す消費刺激策とともに廃家電を解体処理するための施設整備等も進められた。そして 2012 年に，日本の家電リサイクル法にあたる「廃旧電器電子産品回収処理管理条例」が施行された。同制度の対象となっているのは，テレビ，冷蔵庫，洗濯機，エアコン，パソコンの 5 種類である[7]。

この制度では，廃家電の解体に対して，補助金が付与されている。補助金の付与については，環境保全などの対策が講じられているかどうか，厳格な審査を経たうえで，対象となる施設の選定をおこなっている。つまり，適正な解体処理をおこなう主体に対して補助がおこなわれることになる。また補助金の原資は，家電製造業者が負担するという形をとっており，EPR の概念が反映さ

れたものとなっている。

　EPRは，生産者が，自らの生産した製品が消費されたあとにおいても，物理的ないし財政的責任を負うという考え方で，日本でも家電リサイクル法のほか，容器包装リサイクル法，自動車リサイクル法などに，この概念が採用されている[8]。日本の家電リサイクル法では，物理的な責任という形で，生産者に廃家電の二次輸送や再資源化の責任が課されている。これに対して，中国の場合には，財政的な責任という形式になっている。

　また，中国では，そうしたリサイクル制度とは別に，モデル事業や工業園区の開発をつうじて，静脈産業のフォーマル化を図る取り組みも進めている。こうした取り組みのもとで，インフォーマルセクターのフォーマル化が多少進むことが期待できるが，まだまだ課題も山積みである。

　その1つとして，適正処理をおこなう業者にとって，廃家電の確保が容易でない点を指摘することができる。筆者のヒアリング調査によれば，解体業者の廃家電の調達がむずかしくなってきており，また買い取り価格の上昇などの状況もみられているようである。こうした状況がおこっている背景として，現状においてインフォーマルセクターがまだ残っていることを指摘できるだろう。インフォーマルセクターでは，質の低い処理をおこなっているため，適正な処理をおこなうよりも，費用を安く済ませることができる。そのため，廃家電の回収業者から買い取る場合に，適正処理業者にとって不利な状況になっていると考えられる。

　現行の家電リサイクル制度のもとでは，解体業者に対する補助はおこなわれているものの，廃家電の回収業者への補助金等は考慮されておらず，解体業者が受け取った補助金からそれを賄う形をとっている。したがって，補助金の水準が変わらなければ，廃家電の買い取り価格の上昇によって，適正処理業者にとってますます苦しい状況となる。適正処理のルートを整備するためには，回収業者から処理業者に廃家電がうまく渡される仕組みを考えていく必要があるだろう。

　またEPRにもとづいたリサイクル制度のもとでは，生産者に責任の一部を負わせることによって，環境配慮設計（Design for Environment: DfE）が進むことも期待されている。これは具体的には，解体しやすい製品設計や有害

物質の削減といった取り組みなどを指しているが,現行の家電リサイクル制度のもとでは,そうしたDfEを進める誘因が盛り込まれていないという指摘もある[9]。

日本では,最終処分場の容量不足の問題などを背景に,資源価値があまり高くないものをいかに適正に処理するかを考慮した形で,EPRにもとづくリサイクル制度が導入されてきた。現在の中国は,そうした意味で状況が異なっているが,日本のこれまでの経験や処理・リサイクル技術の高さは,今後の課題を考えるうえで,大きな役割を果たすことを期待できるだろう。

第3節　まとめ

本章では,アジアにおける国際的な資源循環が活発になるなかで問題となっているE-wasteによる環境汚染について,汚染防止のための仕組みについて考察をおこなってきた。使用済み品の持つ潜在資源性と潜在汚染性という2つの性質に焦点をあて,そうした性質と使用済み品の回収ルートの構築可能性について整理をおこなった。潜在資源性が高い場合には,適正な処理・リサイクルのルートとは別のルートが構築されてしまう可能性があり,そうした不透明な経路に流れることにより,不適正処理ないしリサイクルがおこなわれてしまうかもしれない。

現在,中国で導入されている家電リサイクル制度のもとで,廃家電を適正に処理するための仕組みづくりが整えられてきている。また,EPRの概念を採用し,解体処理に対する補助金の原資を生産者が負担するという形式をとっている。こうした取り組みにより,今後,インフォーマルセクターのフォーマル化が進んでいくことが期待できるが,回収ルートに関する課題は残ったままである。

発展途上国や新興国におけるEPRにもとづくリサイクル制度は,先進国のそれとは異なる点がいくつかある。それを考えるうえで,潜在資源性の程度の違いに注目することも重要であろう。日本では資源としての価値が低いものであっても,国外では価値が高いことは十分にありうることである。資源性の程

度の違いは，不適正な処理ルートが構築されてしまうかどうかとも関係があり，その点も考慮に入れた形で，適正な処理ルートを整えていかなければならない。それを実現するために，日本の処理技術やこれまでの経験等を生かすことができる余地も十分にあるだろう。

注
1) アジアにおける国際資源循環の状況については，たとえば小島（2005）などを参照されたい。
2) 使用済み品の潜在資源性および潜在汚染性については，細田（2008）などに詳しい説明がある。また細田（2014）では，この概念をもちいて，国際資源循環のなかで制度的インフラストラクチャーを整備する必要性について論じている。
3) アジアにおけるインフォーマルセクターによる E-waste のリサイクルについては，寺園（2006）や Chi et al.（2011）などを参照されたい。
4) PET ボトルリサイクル推進協議会（2013），8 ページによると，2012 年度の回収量 62.5 万トンのうち，国内向けは 31.8 万トン，海外向けは 30.8 万トンである。
5) 紙幅の関係のため，直接規制や経済的手段など，環境政策の手段に関する詳細な説明はここではおこなわない。環境経済学のテキストなどを参照されたい。
6) こうした帰結は，Fullerton and Kinnaman（1995）や Choe and Fraser（1999）などの多くの経済モデルにおいて示されている。
7) 中国における家電リサイクル制度については，細田・染野（2014）に詳しい説明がある。
8) 植田・山川（2010）では，EPR に関して，経済理論面から制度・政策面まで，さまざまな観点からの研究がまとめられている。
9) 細田・染野（2014），21 ページ。

参考文献
植田和弘・山川肇編（2010）『拡大生産者責任の環境経済学』昭和堂。
小島道一編（2005）『アジアにおける循環資源貿易』アジア経済研究所。
小島道一編（2008）『アジアにおけるリサイクル』アジア経済研究所。
斉藤崇（2010）「廃棄物とリサイクル」細田衛士編著『環境経済学』ミネルヴァ書房。
寺園淳（2006）「アジアにおける E-waste 問題」『廃棄物学会誌』第 17 巻第 2 号, 廃棄物学会。
日本容器包装リサイクル協会「落札単価の経年推移」http://www.jcpra.or.jp/recycle/related_data/tabid/483/index.php（アクセス日 2014 年 9 月 30 日）
PET ボトルリサイクル推進協議会（2013）「PET ボトルリサイクル年次報告書 2013」http://www.petbottle-rec.gr.jp/top.html（アクセス 2014 年 9 月 30 日）
細田衛士（2008）『資源循環型社会』慶應義塾大学出版会。
細田衛士（2014）「国際資源循環の課題と展望」『安全工学』第 53 巻 第 1 号, 安全工学会。
細田衛士・染野憲治（2014）「中国静脈ビジネスの新しい展開」『経済学研究』第 63 巻 第 2 号, 北海道大学。
Chi, X., Streicher-Porte, M., Wang, M. Y. L. and Reuter, M. A. (2011), "Informal Electronic Waste Recycling: A Sector Review with Special Focus on China," *Waste Management*, Vol.31.
Choe, C. and Fraser, I. (1999), "An Economic Analysis of Household Waste Management," *Journal of Environmental Economics and Management*, Vol.38 No.2.

Fullerton, D. and Kinnaman, T.C. (1995), "Garbage, Recycling, and Illicit Burning or Dumping," *Journal of Environmental Economics and Management*, Vol.29 No.1.

謝辞
本稿は環境省環境研究総合推進費「静脈産業の新興国展開に向けたリサイクルシステムの開発とその普及に係る総合的研究」(研究代表者：慶應義塾大学 細田衛士，課題番号：K123002)の補助を受けた研究成果の一部である。

(斉藤　崇)

第16章
ユニバーサル・ヘルス・カバレッジ達成に向けて
―医療財政の視点からの経緯と課題―

はじめに

2005年のWHO（世界保健機関）の第58回世界保健総会でユニバーサル・ヘルス・カバレッジ（Universal Health Coverage, 以下UHC）という概念が提唱され，その達成に向けて各国が努力することが決議された。また，2012年の国連総会においてもUHC推進の決議がなされた。国連によると，UHCとは，「全ての人々が，差別されることなく，国が定めた健康増進，疾病予防，治療，リハビリテーションなどの基本的な保健医療サービスや，安全で，経済的に負担可能で，効果的で質の高い必須医薬品を利用出来ることである。その際，特に貧困で社会的に弱い立場の人々が，それらのサービスを利用することが経済的困窮を招かないようすること」であるとしている[1]。

健康であることが豊かな生活を送るための重要な要因の1つであることは論を待たない。疾病や外傷などで健康を損ねたときに，経済的負担を心配することなく早期に治療を受けることができれば，早期に健康状態が改善し，生産的な活動への復帰も期待出来る。我が国は1961年に国民皆保険体制を達成し，それ以後，比較的少ない自己負担で高度な医療を受けられる仕組みを構築し維持してきた。それは，その後の経済成長や平均寿命の延伸に寄与したと考えられている。

世界的にみると，途上国を中心としてUHCを達成していない国は多く，我が国のように国民皆保険制度が整備されている国の方が少数派である。それらの国々にとっては，その達成が重要な目標となっており，先進国や国際援助機関にとっては，その達成を支援することが，重要な援助政策の1つとなってい

る。我が国においても，途上国におけるUHCの達成への支援が国際保健政策の柱の1つとなっている。

そこで，本章では，このように近年国際保健分野において注目を集めているUHCについて，その意義と概念について述べ，UHCが国際的な政策目標になるまでの歴史的背景，今後途上国がUHCを達成していく上での課題について主に医療財政の視点から概観する。

第1節　UHCの意義

UHC達成を目指す当該国のみならず，世界中の様々な国や機関，NGO等の組織がその達成に取り組む意義として，(1) 全ての人が健康に生活する権利を有し，そのために保健医療サービスを利用する権利があること，(2) 不健康は負の外部性を個人から地域へ，又は貧困国から富裕国へもたらす可能性を低くすることが可能となること，があげられている。

(1)については，1948年に国連総会で採択された世界人権宣言の第25条に，「すべての人は，衣食住，医療及び必要な社会的施設等により，自己及び家族の健康及び福祉に十分な生活水準を保持する権利並びに失業，疾病，心身障害，配偶者の死亡，老齢その他不可抗力による生活不能の場合は，保障を受ける権利を有する。」とある。健康な生活を送ることや，疾病や外傷，加齢など様々な理由で健康を損ねた場合，それを回復するための適切な保健医療サービスを受けることは，この地球上にいる人々全員が有する権利であるということであり，UHCはその権利を実質的なものにするということである。

(2)については，1990年代のHIVの世界的な感染拡大，2000年以降のSARS (Sever Acute Respiratory Syndrome，重症急性呼吸器症候群)の流行，新型インフルエンザのパンデミック，2014年の西アフリカにおけるエボラ出血熱の流行など，経済活動のグローバル化が進んでいる今日，途上国で発生した健康問題に対して適切な対応が取れない場合，他の国々の健康問題になり得るということがその背景にある。そのため，各国が適切な対応を取ることが出来るような仕組みを構築することが必要であり，UHCはそのための有

効な方法であるということである。また，2001年の国連ミレニアム開発目標（Millennium Development Goals，以下 MDGs）に掲げられた8つ目標のうち，乳幼児死亡率の削減（ゴール2），妊産婦の健康の改善（ゴール3），HIV/エイズ・マラリア・その他の疾病の蔓延の防止（ゴール6）と，3つが健康に関することで，その他にも必須医薬品へのアクセス改善のための官民連携（ターゲット8.E）も含まれていた。現在検討が進んでいるポスト MDGs においても健康問題が目標に含まれる可能性は高い。更に，国連持続可能な開発会議（Rio+20）の報告書においても，質の高い保健医療サービスを誰でもが利用できることは，人々を病気から守り，経済成長を刺激し，貧困の撲滅に寄与するだけではなく，そのようなサービスを利用できるという保証があることが社会的な調和を醸成でき，持続可能な発展のために重要であると認識されている。そのため，UHCを達成することは，MDGsやポストMDGsの目標の達成や地球社会の持続可能な発展に寄与することにもつながるのである。

第2節　UHCの概念

　20世紀に英国，フランス，ドイツ，スウェーデンなどで，一定の保健医療サービスへのアクセスを国民全員が利用できるようにしたところから UHC という言葉が使われるようになった。UHC の達成度をみる指標として，保健医療サービスを利用出来る権利を憲法等で謳っているか，医療保険制度又は医療保障制度への加入状況，保健医療サービスの利用状況をあげている。

　既に述べたとおり，国連では UHC とは全ての人々が，国が定めた保健医療サービスを，受益者が大きな経済的な負担することなく利用出来ることと定義されている。世界保健機関は，(1)誰が対象となっているか，(2)どのようなサービスが対象となっているか，(3)費用のどの程度を自己負担しなくてはならないか，という3つの側面から UHC を説明している。この側面を用いて考えると，全ての人々が，全ての保健医療サービスを，患者が自己負担なく利用できるという仕組みが UHC の究極的な形となる。各国がその状態に近づけることが望ましいということになると思われるが，それを各国が目標とするとい

うことではない。

　どのような保健医療サービスを利用可能にするのかは，各国の経済状況，保有する医療資源の量と質，疾病構造，人々の意識などによって異なってくる。経済発展が進めば，保健医療分野に投入できる資源も増え，保健医療サービスを提供する人材を育成し，より高度な医療機器などを導入することで，保健医療サービスの質の向上を図ることが可能となる。所得の上昇とともに人々もより高度な医療へのアクセスを期待するようになることから，その国として利用可能にすべき保健医療サービスの範囲や内容も変化する。そのため，UHCについては，世界共通の具体的な目標ではなく，各国がそれぞれ目標を設定し，状況によってその目標を修正しつつ，その国のより多くの人がそれぞれの必要に応じた保健医療サービスを少ない経済的負担で受けられるような仕組みを継続して構築していくことになると考えられる。各国のUHC達成に向けた進捗状況が気になるところだが，現在までのところ，UHCの達成状況を測定する共通の指標はまだない。

第3節　UHCに関する歴史的背景

　2005年の世界保健総会でUHCが提唱され，途上国を中心として全ての国民が必要な保健医療サービスを少ない患者自己負担で受けられるような仕組み作りが進行している。しかし，それまでこの点について何もされてこなかった訳ではない。現在，低・中所得国と分類される国々の多くは，ヨーロッパの国々の植民地であったが，その多くは1950年代から60年代にかけて独立をした。そして，それらの国々の多くは憲法等で国民が保健医療サービスを利用できることを掲げ，公的医療施設においては原則患者自己負担なく医療が受けられるような政策を導入した。

　しかし，それらの国々は予算，施設，人材が不足していたため，その政策を実効性の高いものにするのは容易ではなかった。独立した国々は，植民地政府が残した施設等を引き継ぐ形で保健医療サービスを提供することになったが，保健医療施設や人材の分布については，都市部に集中していたため，特に農村

部において保健医療サービスを提供するのは難しかった。そこで，1978年にWHOとUNICEFが合同で開催したプライマリヘルスケアの国際会議でアルマアタ宣言を採択し，病院中心の保健医療サービスから，人々の参加を得ながら，地域住民に近いレベルで健康増進，疾病予防，一次医療，必須医薬品などの保健医療サービスを提供すること，いわゆるプライマリヘルスケアによって「2000年までに全ての人々に健康を」を目指すことになったのであった。

ところが，1970年代にはオイルショックや一次産品の価格の低迷などの影響により，多くの途上国の経済状態が悪化してしまった。そのため，独立後，経済開発のための資金として外国政府や金融機関等から借り入れていた債務を返済することができなくなり，世界銀行やIMF主導の構造調整政策を受け入れざるを得なくなってしまった。構造調整政策とは，借金を返済するために緊縮財政政策を導入し公的部門を縮小するが，民間活力の導入により経済成長を図ろうというものである。そのため，主に公的部門が担っていた保健医療分野への予算が縮小され，その代わりに公的医療施設においてもUser charges（患者自己負担）が導入されることになった[2]。また，1980年代後半から，途上国における保健医療財源を確保する方法として，User chargesの他に，community financingや民間医療保険の導入も提唱された。特に問題が深刻であったアフリカにおいては，1987年にWHOとUNICEFによってマリのバマコで開催されたアフリカ諸国の保健大臣の会議において，プライマリヘルスケアを提供するための財源を確保する方法としてUser chargesやcommunity financingの導入を推奨するバマコイニシアチブを採択した。

公的な保健医療施設において保健医療サービスを利用した際に，User chargesを導入することにより，保健医療施設の収入が増えることが期待される。その収入を，その施設で使用する医薬品の購入やスタッフの残業代に充てることにより，サービスの質の向上やサービスの範囲を拡大することが可能になると考えられていた。

User charges導入により，低所得層がサービスを利用できなくなる，又は利用を抑制するといった問題が起こる可能性があるが，低所得者に対しては負担を減免することにより対応できると考えられていた。もう1つの問題として，高額な自己負担額（catastrophic health expenditure，以下，高額医療費

負担）を支払わざるを得なくなり，貧困に陥ってしまう世帯が増えるのではないかということがある。前者については，ケニアでは，一次医療施設においてはUser chargesを無料にし，病院においてはUser chargesを徴収したところ，一次医療施設の利用率が10％上昇した。カメルーンでは，User chargesの導入により，医薬品が提供されるようになった等の改善があった施設の利用率は上昇したが，そのような改善がなかった施設の利用は低下した。スワジランドにおいては，下痢症，性感染症，上気道感染症，乳児の予防接種の利用者が減少したとの報告がある。また，User chargesが課されたことにより，抗HIV多剤併用療法を利用しているHIV感染者のアドヒアランス（服薬遵守）を低下させたり，母子保健プログラムの利用を阻害しているとも報告されている。

　支払能力が低い患者が，User chargesにより保健医療サービスの利用を阻害されないように減免制度を設けるということが言われていたが，実際に減免制度を実施するのは容易ではないことがわかった。誰を対象にどのように実施するのかが明確ではない場合が多く，それらが明確な場合でも来院した患者が減免の対象になるのか否かを判断するための所得等に関するデータがないという問題点があった。

　高額医療費負担の問題については，Adhikariらが，ネパールの農村部において調査を行い，対象世帯の31％が世帯収入の15％以上を治療費に充てており，治療費の支払いにより，貧困ライン以下の世帯の割合が20ポイント上昇したと報告している。また，80％の世帯が医療費を支払うために借金をしており，非公式の貸金業から借金をしたため高い利息を支払わなくてはならず，長期にわたって貧困状態から抜け出せなくなる世帯もあるということであった。

　高額医療費負担の定義は研究によって異なるが，WHOは食費などの基本的なニーズを満すための費用を除いた世帯所得の40％以上を医療費に充てなくてはならない場合，高額医療費負担としている。この基準をもとにすると，世界的には年間約1億5千万人が医療サービスを利用したために経済的に困難な状況に直面し，そのうち1億人が貧困状態に陥っていると推計されている。また，Xuらは，59カ国について，この基準による高額医療費負担をした世帯の割合と，各国の医療費の負担方法の特徴との関連を調べたところ，医療費の支

払いに占める User charges の割合が高い国の方が高額医療費負担をした世帯の割合が高いという関連が認められたと報告している。

　User charges は保健医療サービスの財源を確保する方法として導入されたが，保健医療サービスの利用を妨げたり，家計に対して高額医療費の負担を招いたりするなどの課題が明らかとなった。また，User charges は世帯の所得とは関係なく課されるものであるため，逆進的な方法であり，貧困層に相対的に大きな負担をかけるという批判もあり，2000年に入ってから User charges を見直す動きが様々な国で出てくるようになった。

　ザンビアでは2006年に1次医療施設における User charges を廃止した。また，ニジェールでも，2007年に5歳未満の治療や母子保健サービスに関する User charges をなくした。その結果，廃止前と比べザンビアでは32％，ニジェールでは103％受診者数が増加した。また，User charges の廃止とサービスの利用に関する研究のシステマティックレビューの結果，対象となった16の研究全てにおいて User charges をなくした後に受診が増加していた。しかし，User charges をなくし，受診者が増えるということは，保健医療施設の収入は減るが，医療サービス提供に関する負担が大きくなると言うことを意味する。ウガンダでは User charges をなくした後に患者が47％増加したが，それまで医療従事者の給与の財源の一部を担っていた User charges がなくなってしまったため，患者は増えたが医療従事者の給与は減ったため，医療従事者の満足度は低下し，結果的に患者の満足度も低下するという悪循環が生じたことが報告されている。

　User charges は患者の受診抑制や高額医療費負担につながるなど問題が多いが，それをやめるだけではなく，その後も保健医療サービスを継続して提供していくために，User charges から得られていた収入を補う，又はそれを超える財源を確保することと，増加が見込まれる患者数に対して保健医療施設側が適切に対応できるように準備することが不可欠である。そのため，User charges 以外の保健医療サービスを提供するための主な財源として，前払い方式で，国民や地域住民間で広く医療費負担のリスクをシェアできる税金や公的保険の重要性が再認識されたのである。

UHC 達成への課題

感染症対策，栄養，母子保健，慢性疾患と外傷の治療の中から，低コストで効果的なものを抽出し保健医療サービスのミニマムパッケージを設けた場合，その費用は1人当たり 50-60 米ドルかかると推計されている。しかし，2010年の低所得国1人当たりの保健医療費は 27 米ドルであったため，上記のミニマムパッケージを全ての国民に提供するには，更に1人当たり約 30 米ドル程度が必要となる。この費用を確保するためには，低所得国の徴税の効率性を高めること，低所得国において政府予算の保健部門への優先順位を上げること，革新的な財源確保のための方法を導入すること，援助額を増やすこと，などが重要である。

徴税の効率性を高めることについては，低所得国の保健医療費に占める公的財源の割合は 13％で，中所得国や高所得国と比較すると最も低かった（図 16-1）。経済成長や徴税制度の改善により，この割合が高くなることが期待される。しかし，1次産業や非公式部門において就業している割合が高く，貧困者が多い社会においては，徴税のための対象者の特定，所得の査定，税金の徴収が容易ではない。そのため，消費税率を上げて，その分を保健医療サービスに充てた

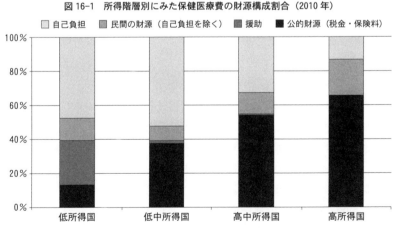

図 16-1　所得階層別にみた保健医療費の財源構成割合（2010 年）

（資料）　World DateBank (http://datebank.worldbank.org/date/home.aspx) より作成，所得階層は世界銀行の区分による。

り，非公式部門で働いている人達を対象とした医療保険制度を立ち上げるなどの対応をしている国もある。

保健医療部門への政府の予算を増額するということについては，2001年にナイジェリアのアブジャで開催されたアフリカ連合の会議においてアブジャ宣言が出され，各国政府が予算のうち，少なくとも15％を保健医療分野に割り当てることを目標とすることとなった。しかし，2011年において，その目標を達成できたのは1カ国のみであった。26カ国が保健医療分野への予算配分を高めることができたが，他の国々では2001年の割合よりも低下又は変化がなかった。

革新的な財源確保の方法として，国際航空券，為替取引，たばこや酒，携帯電話への課税などが導入されている。例えば，ガボンは，携帯電話会社に10％課税し，低所得者の保健医療サービスの財源としている。タイはたばこと酒の消費税の2％に相当する付加税を財源として，ヘルスプロモーション活動を行っている。しかし，これらが保健医療サービスの主要な財源となるわけではなく，一般税や保険料の補完的な役割を担うものという位置づけである。

援助額を増やすということについては，アブジャ宣言においても，援助国からの保健医療分野へのより一層の支援の必要性が謳われていた。図に示した通り，既に低所得国の保健医療費のうち約26％は援助国からの支援によって賄われている。先ほどのベーシックミニマムパッケージを実現するためには，400億米ドルの支援が必要であるとの推計がある。保健医療分野への援助額は1990年代から増加し続けており，2000年には110億米ドル，2013年には313億米ドルまで伸びていた。それでも100億米ドル近く不足しており，このギャップを埋めるのは容易ではない。援助国や援助機関等の継続的な支援が求められるが，その支援の一形態として，UHC達成に向けて大きな貢献が期待出来る分野は途上国の債務救済である。援助国がこれまでも取り組みを進めてきたが，特に低所得国を対象にその範囲を拡大しスピードを速めることができれば，保健医療分野の財源を捻出することができる。例えば，ザンビアは2005年に40億米ドルの債務削減が行われ，同国では2006年から農村部の医療費負担を無料化した。また，ナイジェリアも債務の返済免除により，母子保健サービスを提供するための財源を確保することが出来た。

徴税効率を上げたり，政府予算のより多くを保健部門に配分したり，新たな財源を確保したりするには，それぞれの政府がUHC達成に向けて強い意志を持って取り組むことが不可欠である。これまでUHCを達成して来た国々やそれに近い国々の歩みを振り返ると，そこには各国政府が相当に，しかも長期間にわたりコミットしていたことが共通点として浮かび上がってくる。世界保健機関や国連でUHC達成に向けた決議がなされ，日本政府もその支援に向けた意志を国際的に発表した。UHC達成を目指す途上国がそのための課題を克服していけるように，援助国政府も多面的な支援を継続していく必要がある。

本章は，UHC達成に向けて，主に保健医療財政の側面から，その歴史的経緯，課題について概観した。UHCを達成するには，保健医療財政の課題を解決するだけでは不十分である。集めてきたお金で一定の質のサービスを全国民に対して継続的に提供することが求められる。そのためには，人材の確保や育成，医薬品の在庫管理，保健医療施設の配置やその設備の維持管理など，保健医療サービスに関わるマネジメントを強化していくための方策について検討することも重要である。

注

1) United Nations General Assembly Global health and foreign policy (A/67/L.36) のp4 の10 "universal health coverage implies that all people have access, without discrimination, to nationally determined sets of the needed promotive, preventive, curative and rehabilitative basic health services and essential, safe, affordable, effective and quality medicines, while ensuring that the use of these services does not expose the users to financial hardship, with a special emphasis on the poor, vulnerable and marginalized segments of the population" を和訳したものである。
2) User charges には，全額自己負担の場合，全額ではなく一定額を支払う場合，かかった医療費の一定割合を支払う場合，一定金額までは自己負担をし，それ以上の金額を負担しなくてはならない場合は還付される場合と様々であるが，本章では，全てUser chargesとしてまとめて述べている。

参考文献

アムネスティー日本（http://www.amnesty.or.jp/human-rights/music-and-art/passport/udhr.html 2014年9月28日閲覧）．

池上直己，俞炳匡，橋本英樹，松本正俊，尾形裕也，馬場園明，渡邊亮，渋谷健司，梁奉玫，マイケル・R・ラッシュ，小林廉毅（2012）「日本の皆保険制度の変遷，成果と課題」*Lancet*, DOI:10.1016/SO140-6736(11)60828-3．

「動く→動かす」編（2012）『ミレニアム開発目標：世界から貧しさをなくす8つの方法』合同出版．

北島勉（2013）「タイにおけるヘルスプロモーションの現状と課題」『医学のあゆみ』224：577-580

ページ.
債務と貧困を考えるジュビリー九州 (2010) 『途上国の債務問題と私たち』 (http://jubileekyushu. blogspot.com/p/blog-page_6900.html 2014年9月28日閲覧).
渋谷健司, 橋本英樹, 池上直己, 西晃弘, 谷本哲也, 宮田裕章, 武見敬三, マイケル・R・ライシュ (2012)「優れた健康水準を低コストで公平に実現する日本型保健制度の将来:国民皆保険を超えて」 Lancet, DOI:10.1016/S-140-6736(11) 61098-2.
Abe, S. (2013), "Japan's strategy for global health diplomacy: why it matters," *Lancet*, 382: pp.915-6.
Adhikari S. R., Maskay, N. M. and Sharma, B. P. (2009), "Paying for hospital-based care of Kala-azar in Nepal: assessing catastrophic, impoverishment and economic consequences," *Health Policy and Planning* 24: pp.129-139.
Evans, D. B., Marten, R. and Etienne, C. (2012), "UHC is a development issue," *Lancet*, 380: pp.864-5.
Gibson, L. and McIntyre, D. (2005), "Removing user fees for primary care in Africa: the need for careful action," *British Medical Journal*, 331: pp.762-5.
Gilson, L. (1997), "The lessons of user fee experience in Africa," *Health Policy and Planning*, 12: pp.273-285.
Institute for Health Metrics and Evaluation (2014), *Financing Global Health 2013: Transition in an Age of Austerity*, Seattle, IHME.
Lagarde, M., Barroy, H. and Palmer, N. (2012), "Assessing the effects of removing user fees in Zambia and Niger," *Journal of Health Services Research & Policy*, 17: pp.30-36.
Lagarde, M. and Palmer, N. (2011), "The impact of user fees on access to health services in low and middle-income countries (Review)," *The Cochrane Collaboration*, John Wiley & Sons, Ltd.
Lagomarsino, G., Garabrant, A., Adyas, A., Muga, R. and Otoo, N. (2012), "Moving towards UHC: health insurance reforms in nine developing countries in Africa and Asia," *Lancet*, 380: pp.933-943.
Sachs, J. D. (2012), "Achieving universal health coverage in low-income settings," *Lancet*, 380: pp.944-47.
Savedoff, W. D., de Ferranti, D., Smith, A. L. and Fan, V. (2012), "Political and economic aspects of the transition to UHC," *Lancet*, 380: pp.924-932.
Schokkaert, E. and Van de Voorde, C. (2011), "User charges," in Glied, S. and Smith, P. eds., *The Oxford Handbook of Health Economics*, Oxford, Oxford University Press.
Toward achieving universal health coverage in Nigeria, BusinessDay June 20, 2014. (http://businessdayonline.com/2014/06/towards-achieving-universal-health-coverage-in-nigeria/#.VC-ELL70npM 2014年10月4日閲覧)
United Nations General Assembly (2012), Global health and foreign policy A/67/L.36. (http://www.un.org/ga/search/view_doc.asp?symbol=A%2F67%2FL.36 2014年9月28日閲覧)
UNICEF, Bamako Initiative. (http://www.unicef.org/sowc08/docs/sowc08_panels.pdf 2014年9月28日閲覧)
United Nations Report of the United Nations Conference on Sustainable Development Rio de Janeiro, Brazil 20-22 June 2012. (http://www.uncsd2012.org/content/documents/814UNCSD%20REPORT%20final%20revs.pdf 2014年9月28日閲覧)

United Nations Development Programme. The Millennium Development Goals: Eight Goals for 2015. (http://www.undp.org/content/undp/en/home/ mdgoverview/ 2014年9月28日閲覧)

World Bank, Financing Health Services in Developing Countries: An Agenda for Reform. (http://www-wds.worldbank.org/external/default/WDSContentServer/ WDSP/IB/1999/09/23/000178830_98101903343495/Rendered/PDF/multi_page.pdf 2014年9月28日閲覧)

World Health Organization (2005), Fifty-Eighth World Health Assembly Resolutions and Decisions WHA58/2005/REC/1. (http://apps.who.int/gb/ebwha/pdf_files/WHA58-REC1/english/A58_2005_REC1-en.pdf 2014年9月28日閲覧)

WHO, World Health Report 2010. (http://www.who.int/entity/whr/2010/whr10_ en.pdf 2014年9月28日閲覧)

WHO, Declaration of Alma-Ata. (http://www.who.int/publications/almaata_ declaration_en.pdf 2014年9月29日閲覧)

WHO, Designing health financing systems to reduce catastrophic health expenditure. (http://apps.who.int/iris/bitstream/10665/70005/1/WHO_EIP_HSF_PB _05.02_eng.pdf 2014年9月28日閲覧)

WHO, The Abuja Declaration. (http://www.who.int/healthsystems/publications/abuja_declaration/en/ 2014年10月4日閲覧)

Xu Evans, D. B, Kawabata, K., Zeramdini, R., Kalvus, J. and Murray, C. J. L. (2003), "Household catastrophic health expenditure: a multicountry anlaysis," *Lancet*, 362: pp.111-17.

（北島　勉）

第 17 章
成長の限界と「脱成長」論

はじめに

　2012年末に誕生した第二次安倍内閣に対する国民の比較的高い支持率がアベノミクスと称される一連の経済政策のパッケージに由来するところが大きいことは衆目の一致するところであろう。

　周知のように，アベノミクスは第1の矢として大胆な金融政策を，第2の矢として機動的な財政政策を，そして第3の矢として成長戦略を掲げており，マクロ経済政策としての金融・財政政策とミクロの分野にも関わる成長戦略を組み合わせた，いわば包括的な経済政策となっている。

　しかしながら，安倍内閣の経済政策については，発足当初の高い期待を裏切って，1年半余を経過した2014年夏場の段階では，必ずしも所期の目的を達し得てはいないとみる向きが多くなってきたように窺われる。

　その最大の理由は，物価の上昇により，いわゆるデフレの克服には目途を付けつつも，それが経済成長にはつながっていないことにある。安倍内閣の経済政策の目標としては，まず第1にデフレの克服，そして第2に，それを通じた2％の実質経済成長率，3％の名目経済成長率の実現が掲げられているが，第1のデフレの克服に関しては，少なくとも数字上の消費者物価上昇率という点では，いずれ達成が予想されるものの[1]，経済成長という観点からは，2014年第2四半期以降の経済成長率が，第1四半期の消費税率引上げ前の駆込み需要の反動が予想以上に大きかったこともあってマイナス成長を続けたことから，均してみても政府の成長目標達成はかなり疑問視されている。

　こうした日本経済と歩調を合わせるかのように，欧米経済においてもデフレや長期停滞の状態にあると指摘されている。このように先進国経済は，おしな

べて低成長の様相を色濃くしているわけであるが，その原因を探ると，欧米経済が余剰供給力を映じたデフレギャップに伴う低成長局面にあるのに比べ，日本経済の場合は少子高齢化等による潜在成長力の低下が主因と指摘されている。日本経済は，その意味で総需要刺激策による政策対応では難しい，いわば構造的な低成長経済に突入したと考えられ，そうであれば従来とは異なり，そうした社会構造の変化を踏まえた政策対応が要請されよう。かかる認識の下で最近脚光を浴びているのが「脱成長」論であるが，本章では，それらを上述の文脈の下で概観するとともに，今後の理論的課題を探ってみたい。

第1節　成長の限界

1. デフレの克服と低成長

　2013年4月から始まった日本銀行による量的質的金融緩和（QQE）は，その規模の大きさから異次元の金融緩和と呼ばれてきた。具体的には，2年程度を目途に消費者物価上昇率を前年同月比で2％に引上げるため，日銀はマネタリーベースを年間60～70兆円のペースで増加させ，そのために長期国債を年間50兆円のペースで購入するとともに，資産価格への影響を企図して，ETF（上場投資信託）やJ-REIT（不動産投資信託）の購入を増やしてきた。

　この結果，日本銀行が目標としている2015年春までの消費者物価上昇率の2％上昇については，期限内に達成することこそ難しいものの，消費税率引上げの影響を除いても，目標に近い物価上昇率に達することが予想される展開となっており，その意味でデフレからの脱却はかなりの程度達成されるとみるエコノミストが増えてきているようである[2]。

　ただ，これがアベノミクスの歓迎すべき効果といえるかといえば，事はそう単純ではない。異次元金融緩和当初の円安は輸入物価の上昇を招いたほか，円安が落着いてからは，建設，小売業等の労働需給タイト化に伴い，賃金が上昇傾向にある。元々は，これらが安定的な物価上昇につながれば，デフレの終息，個人消費の伸長と実質金利の低下に伴う設備投資の増加，そして輸出が伸びるためGDPの高い伸びにつながる，というのが，いわゆる「リフレ派」の

経済学者やエコノミストのシナリオであった。

ところが、こうした物価上昇にもかかわらず、現実には GDP は想定したほど伸びていない。低成長下の物価上昇という国民生活にとって必ずしも歓迎されざる経済の姿となってしまっているのである。何故か。

上述のような「リフレ派」のシナリオに沿って現状を点検すれば、個人消費は確かに伸びてはきたが、その内容を見ると、いわゆる耐久消費財の消費が多く、非耐久消費財やサービスの消費はあまり伸びていない。ここから窺われるのは、消費の伸びは消費税率引上げ前の駆込み需要によって一時的な需要の先食いがあっただけであって、本格的な回復とはみなせないということである。また、設備投資は企業収益回復に比べ鈍い状態で推移しているし、輸出も伸びていない。他方、輸入はエネルギーの輸入増加もあって著しく伸びている。特に注目すべきは、円安とともに期待されたかつての輸出産業である電機・エレクトロニクス等の業種が輸出増加に貢献していないことである。いわゆる空洞化現象に加え、海外企業との競争激化による競争力の劣化が原因であり、従来の通念であった「円安＝輸出増加」の公式はもはや通用しないと考えておくべきかもしれない。これらの要因から、2014 年度の第 2 四半期の GDP は消費税率引上げに伴う駆込み需要の反動から落込むことが予想されていたが、事前の予想をさらに下回る結果となったところである。

2. 長期停滞論

アベノミクスの第 2 の矢である財政支出が先進国中最も危機的な財政状態のために継続できない中で、政府はアベノミクスの第 3 の矢、すなわち成長戦略を数次にわたって打ち出してきているが、これまでのところ、公表の度にマーケットの失望を買うような対策しか出てこないうえに、基本的に特定業界の構造改革に近い性格のものとならざるを得ないために、幾つかの例外を除けば必ずしも直ちには大きな経済効果を期待できなかったり、効果が出るまでに相当の時間がかかり、利益団体や規制官庁の「岩盤」を崩すための多大な努力の割には実効性に乏しいものが多いと言われている。

成長が難しくなってきたのは日本だけではない。米国でも、ローレンス・サマーズが提起した長期停滞論（secular stagnation）、すなわち長期にわたる

需要不足とディスインフレ現象の顕在化が注目を集めている。サマーズによれば，米国経済はデフレギャップ（余剰供給力）の存在によって潜在成長率を大幅に下回る長期的停滞期に入ったとされる。また，欧州においても，「日本化（Japanization）」，すなわちデフレ懸念からくる長期停滞が指摘され，欧州中央銀行の主要政策金利である中銀預金金利におけるマイナス金利採用等の大胆な金融緩和をはじめとする総需要刺激策が採られるに至っている。

　もっとも，日本経済の低成長と，欧米における成長の鈍化は必ずしも同じ原因によるものではない。日本の場合は，欧米のような供給過剰に伴うデフレギャップの存在が低成長の原因となっているわけではない。むしろ，少子高齢化の進展という日本社会の構造変化に伴う潜在成長率の低下が最大の原因であり，また，より短期的には，わが国産業の生産性の低下，すなわち従来生産性の高かった電機，エレクトロニクス等の国内生産に占めるウェイトがいわゆる空洞化現象や外国企業との競争力劣化等から低下した反面，生産性の低い産業（公共事業，介護分野等）の分野が拡大していることが原因となっているとの指摘が有力である。欧米のようにデフレギャップに総需要の拡大で対応できる余地があれば，少なくとも理論的にはマクロ経済政策による対応が可能であるが，日本のような潜在成長力の低下に対しては，その最大の原因である少子高齢化への対応や産業の生産性の向上は一朝一夕には実現が難しい。また，イノベーションによる生産性向上に期待する向きもあるが，今後は従来のような大きな技術進歩に期待することは難しいとの見解も有力である[3]。

3. 成長の限界

　このような先進国経済の低成長，とりわけ日本にみられるような社会構造の変化を映じた経済成長の難しさを眺め，これを成長の限界ととらえるとともに，少なくとも我が国においては，第二次世界大戦後の高度経済成長期以来続いてきた経済成長重視の基本的姿勢を改めざるを得ないのではないかとの指摘が数多く聞かれるようになってきている。

　こうした指摘に加え，今後の成長の可能性を疑問視せざるを得ない背景として往々指摘されるのがエネルギー面の制約や環境汚染・気候変動の防止等地球環境保護の必要からくる成長制約の問題であり，問題の射程をここまで広げれ

ば，成長の困難さは日本経済に固有の問題ではなく，世界経済，とりわけ従来経済成長の恩恵を享受し続けた先進国に共通の問題となる。この点では，既に1970年代から生態系を維持しながら経済を持続可能なものにしていくために，従来の成長に対する考え方を改める必要が説かれてきた。その結果，現在では，経済成長を地球環境の保護よりも優先する目標であると公言する意見はさすがに聞かれなくなっているが，経済成長自体が諦められたわけでは勿論なく，技術開発による環境悪化速度の低減等を試みつつ成長も可能な限り追求していくというのが今日の先進国に共通の考え方であるといえよう。これに対し，環境保護の立場からは，地球生態系の深刻な悪化は加速度的に臨界点に達しつつあるのであって，持続可能な経済を実現するためには，経済生活の中心を成長から自然保護に焦点を据えるように一変させることが必要と主張されている[4]）。

　こうした地球環境保護の観点からの経済成長に対する異議申立ては先進国の経済政策として容認されるには至っていないが，図らずも低成長に甘んじざるを得なくなった状況の下で，経済成長の意義を捉え直すとともに，長期的な観点に立って，そのオルタナティヴを探って行こうとする動きが見られるようになってきている。以下，こうした基本的な姿勢にある幾つかの考え方を試みに「脱成長」論として括ったうえで，その特徴点や問題点を探ってみたい。

第2節　「脱成長」論

1.　背景

　「脱成長」論といっても，後述のように様々なタイプがあるが，いずれも，GDPを指標とする経済成長重視の立場を離れ，それ以外の価値を経済成長と並んで，またはそれ以上に重視する立場と総称できよう。その中には政策運営の目標として経済成長率を最優先にするのではなく，他の政治的・社会的価値を複合的に政策運営の目的とすべきとする立場や，より主観的な「幸福」を重視すべきとする立場，さらには低成長経済をよりポジティヴに受け止め，個人のライフスタイルの変革や地域における自給，ワークシェアリング等を通じ新

たな社会の在り方を模索しようという考え方等多様なバリエーションがある。

これら「脱成長」論は1972年のローマクラブによる「成長の限界」以来，地球資源の有限性に着目し，環境問題を重視する立場から提唱されてきたといえるが，その後も支持を集めてきた理由としては，以下の諸点が挙げられよう。

第1に，人類の経済活動が地球環境の持続可能性に対し，ますます悪影響を与えていることが明らかとなったことである。気候変動防止のための国際的な協調行動やエコロジカル・フットプリントを巡る議論等からも，経済成長が従来のペースで続いた場合の近未来における地球環境に対する破壊的な影響が予想され，これを防止するためには成長から抜け出る必要性が主張される。第2に，経済成長によって失われた伝統的な価値の見直しの機運が挙げられよう。経済成長重視の下，生産性や経済効率が重視された結果，それぞれの共同体に固有の伝統的な価値観は変容し，経済重視，成長重視の比較的共通の価値観が蔓延するに至っており，その結果，伝統的共同体内部の濃密な構成員同士の人的つながりが消滅してしまったことに対する見直しが提唱されている[5]。また第3に，経済成長重視が行き過ぎた結果，新たな社会的問題が生じている。農産物の効率的生産につなげるための農薬の多使用や遺伝子組換え作物の増加等による「食の安全」の問題はその典型であるし，原発を含むエネルギーに関する様々な問題も経済成長との関連を抜きにして語ることは難しい。また，低成長経済の下で先進国で進行中の格差拡大や福島第一原発事故等でも聞かれた近代科学技術の在り方に対する見直しの機運といったものも，近代化と歩調を合わせて進められてきた経済成長重視路線に反省を迫っているとみることができよう。

以下では，詳細な紹介は紙幅の都合上省略せざるを得ないものの，上述のような背景を有する現代経済思潮の1つとしての「脱成長」論の類型化を試みたうえで，それらの現段階における評価を行い，併せて今後の理論的発展のために必要となる条件等につき考察することとしたい[6]。

2.「脱成長」論の諸相

(1) 政策目標の問題

各国の経済政策では，経済成長を優先順位の高い目標とすることが多いが，そ

うした中で経済成長のみに高次のプライオリティを置くのは必ずしも適当ではないとする考え方である。経済成長率に代わる指標の採用も提唱され，ブータンで採用されているとして話題になった GNH（Gross National Happiness, 国民幸福度）やフランスのサルコジ前大統領がスティグリッツやセン等の経済学者を組織して GDP に代わる政策目標としての指標の検討を委嘱した試み等が具体例として挙げられる。これらは，いずれも経済成長自体を否定するわけではないが，政策目標における経済成長の優位性をその他の目標の中で相対化するという意味で，最広義の「脱成長」論に位置付けることが可能であろう。

(2) 幸福の経済学

上記(1)の考え方を，より学問的に展開しつつあるのが，いわゆる幸福の経済学である。経済活動の目的が人々の幸福の実現にあるのであれば，政策の目的は成長そのものにあるのではなく，政策の実現を通じて人々がどの程度幸福に到達しているかに注目すべきであって，経済成長以外に幸福に至る道筋があるのであれば，それを実現するための政策遂行にも注力すべきであるということになる。厚生経済学，就中主観的・心理学的な要素を明示的に学説に取り入れている行動経済学の隆盛とも相まって，注目されつつある考え方である。経済成長至上主義に対するアンチテーゼとしての意義を有することは論を待たないが，幸福度という主観的な到達点を扱うことから来る曖昧さやアンケート調査の多用等に伴う方法論上の問題，また政策的活用の難しさ，前提とする人間像の理解など，今後，より探求すべき問題も多いのではないかと考えられる。

(3) 資本主義限界論[7]

近時の先進諸国に共通に見られる経済成長の鈍化傾向を比較的長い歴史的パースペクティヴの下で把握し，低成長とパラレルな現象となっている低金利に着目して，これを投資機会の消滅に起因するものとして，資本主義はもはや終焉の時期を迎えているといった結論につなげる考え方である。こうした考え方は上述の(1)，(2)のような経済成長を政策目的とすべきか否か，また，どの程度のプライオリティを与えるべきかといった，政策論としての問題意識を超えて，経済成長そのものの（不）可能性を経済体制との関係性において歴史的なダイナミズムの下で論証するという壮大な理論的構成を採っている。

しかしながら，近時の先進諸国における低金利状態を 16〜17 世紀のイタリ

ア・ジェノヴァの低金利と重ねて「利子率革命」と称したり，地球上のフロンティアの消滅によって，もはや資本主義はバブルの生成と消滅を繰返し，経済社会における格差の拡大を通じて弱者を搾取しながら生延びるしかない運命にある，といった論法はやや断定的に過ぎよう。初期の社会主義文献に見られる素朴な資本主義分析との類似点も感じられ，要は資本主義の後に到来する社会として，社会主義・共産主義社会を想定するのか，「脱成長」社会を想定するのかの相違しかないようにも思われる。しかも，「脱成長」社会とはいかなる社会になるのか，そのアウトラインはほとんど示されない。また，経済成長のない定常社会に移行する前に財政赤字の解消を短期間で行うべきであるといったやや現実離れした提言もあり，現実の経済政策として直ちにその主張を活かせると考えられる部分は多くはない。とはいえ，先進主要国に共通に見られる低成長やデフレ現象を前にすれば，仮説の積み重ねによって論じられるに過ぎないとはいえ，資本主義の未来を憂慮せざるを得まい。「脱成長」社会の在り方を考えていく必要性を認識させる議論として，注目すべきであろう。

(4) 成長の積極的否定論[8]

　上述のような考え方を更に進め，経済成長自体が人間社会にとってはむしろ好ましいものではなく，たとえそれが「持続可能な発展」とか「緑の経済成長」といった修飾語付きの「発展」や「成長」であっても，それらは「せいぜいエネルギー消費の増大を遅らせて避けることのできない衝突を遠のかせるのが関の山」であり，これらは生産力至上主義的な経済の再編につながるだけで，むしろ必要なのは「経済」，もしくは「経済学」といった概念から抜け出ていくことであると喝破する考え方がある。基本的には地球資源の有限性に立脚した「脱成長」論であるが，こうしたラディカルな考え方は上記(2)の幸福の経済学のような立場に対しても，「計算合理性としての経済学の瀕死の体躯を生きながらえさせる」として，主流派経済学を切って捨てる刃で広義の「脱成長」論の一角にも切りかかる。ここまでいくと，かなり極端な感は否めないが，少なくとも市場の存在やその機能を大前提にして理論構築を図ってきた新古典派等主流派経済学の行き着いた先が今日の世界規模でのグローバル資本の跳梁跋扈と深刻な地球環境問題，そして市場原理主義に蹂躙されたグローバル社会や国内社会における格差問題であるとすれば，そもそもの資本主義の在り

方や経済成長が人間社会にもたらしたものを文字通りラディカルに見直すための立脚点として，その意義は大きいと思われる。

　また，こうした理念的な「脱成長」を論じていながら，現実の経済政策に対しても様々な提言を行っており，それらの提言は，「脱成長」社会が具体的にどのようなものであるか，あるいは少なくともどのようなプロセスを経て出現することが可能か，といった他の「脱成長」論には未だ見ることのできない具体性を帯びた主張を兼ね備えていることも興味深い。

3. 今後の課題

　上述のように，「脱成長」論の多くは，未だ生成途上にあり，経済政策としてはもとより，理論的な見地からも未熟な段階にあると言わざるを得ない。

　しかしながら，現代の先進国経済，とりわけ日本経済が従来から旗印としてきた経済成長がもはや期待薄であり，環境問題をはじめとする多くの現代社会の課題の解決のためには見直しが必要だとすれば，「脱成長」論は今後採るべき1つの方向性を果敢に示そうとする営為であると評価できよう。

　こうした位置付けを与えたうえで，今後の「脱成長」論に望まれる理論的な課題を幾つか指摘しておきたい。

　第1に，「脱成長」社会が現代社会の変革のうえに成り立つものであるなら，その変革の担い手をどのように想定すべきか。資本主義の次に来るとかつて考えられた社会主義・共産主義社会の下でも経済成長は重要な政策目的であったことを想起すれば，「脱成長」社会への推進力となる担い手は従来の運動の担い手とは異なる人々になるはずである。それは，如何なる層の如何なる人々か。

　第2に，「脱成長」社会の具体的なイメージを提供できるか。経済成長のない社会は停滞し，希望のない社会のように描かれる場合もあるが，他方，江戸時代の我が国は経済成長という観点からは定常社会であったものの，文化的には決して沈滞した社会ではなかったとの指摘もある。

　第3に，「脱成長」の下で，各国が直面している様々な経済的・社会的問題の解決の方向を示せるか。例えば低成長下の格差拡大といった分配の問題や，財政危機や社会保障ニーズ拡大等への処方箋を如何に描くことができるか。

これらの課題に答えられるかどうかが今後「脱成長」論が広く受け入れられ，オルタナティヴと認められていくための試金石となるものと考えられよう。

注
1) 2014年秋以降の原油の国際市況大幅低下によって，達成はさらに先に延びるものと予想されている。
2) 同上。
3) 福田（2014），23ページ。
4) Schor（2010）をはじめとする環境経済学の立場からの主張と言える。
5) 例えば広井（2013），13-15ページ。
6) 橘木（2013）やSchor（2010）にあるように，従来からJ.S.ミルや環境経済学の立場からの「脱成長」の主張はあったが，本稿では先進国経済が低成長に転じたリーマン・ショック以降の「脱成長」論を主として対象にしている。
7) ここでの主たる対象は水野（2012），同（2014）である。
8) ここでの主たる対象はLatouche（2004），同（2007），同（2010）である。本文中のカッコ書きは中野訳による。

参考文献
原田泰・齊藤誠（2014）『アベノミクス　成果と課題』中央経済社。
服部茂幸（2014）『アベノミクスの終焉』岩波書店。
早川英男（2014）「生産性の低下により潜在成長率はゼロ近傍に低下」『週刊金融財政事情』2014.6.16，金融財政事情研究会。
福田慎一（2014）「長期停滞論―先進国が直面する避けがたい限界」『週刊エコノミスト』2014.8/12.19合併号，毎日新聞社。
橘木俊詔（2013）『「幸せ」の経済学』岩波書店。
橘木俊詔・広井良典（2013）『脱「成長」戦略―新しい福祉国家へ』岩波書店。
水野和夫（2014）『資本主義の終焉と歴史の危機』集英社。
水野和夫（2012）『世界経済の大潮流』太田出版。
広井良典（2013）『人口減少社会という希望―コミュニティ経済の生成と地球倫理』朝日新聞出版。
Schor, J. B. (2010), *PLENITUDE The New Economics of True Wealth*, Penguin Press, New York.（森岡孝二監訳『プレニテュード―新しい＜豊かさ＞の経済学』岩波書店，2011年。）
Stiglitz, J. E., Sen, A. and Fitoussi, J.P. (2010), *Mismeasuring Our Lives: Why GDP Doesn't Add Up (Preface)*, The New Press, New York.（福島清彦訳『暮らしの質を測る―経済成長率を超える幸福度指標の提案』金融財政事情研究会，2012年。）
Latouche, S. (2004), *Survivre au développement*, Fayard, Paris.
Latouche, S. (2007), *Petit traité de la décroissance sereine*, Fayard, Paris.（中野佳裕訳『経済成長なき社会発展は可能か？―＜脱成長＞と＜ポスト開発＞の経済学』作品社，2010年。）
Latouche, S. (2010), *Pour sortir de la société de consommation*, Les Liens qui Libèrent, Paris.（中野佳裕訳『＜脱成長＞は世界を変えられるか？―贈与・幸福・自律の新たな社会へ』作品社，2013年。）

（大川昌利）

索引

【0-9, A-Z】

2国間クレジット制度　170
21世紀海上シルク・ロード　87
21世紀型貿易　6, 13
55年体制　38
APEC（アジア太平洋経済協力会議）　12
CDS（クレジット・デフォルト・スワップ）　147
EPA（経済連携協定）　47
EU　16, 115, 144
E-waste　176
FTA　8, 30
FTA政策　56
G2　75
G20　142
G20財務相・中央銀行総裁会議　144
GATTスタンダードコード　155
GNH　202
HSコード　59
ICT革命（情報コミュニケーション技術革命）　151
IMF　142, 144
JAグループ　35
LDC（後発途上国）　5
MDGs　186
NGO　106, 185
ODA　137
RCEP（東アジア地域包括的経済連携）　6, 53
SARS　185
TBT協定（貿易の技術的障害に関する協定）　9, 154
TISA　12
TPP（環太平洋パートナーシップ）　6, 35, 53
TRIPs協定（知的財産権の貿易関連の側面に関する協定）　11, 154
TTIP（環大西洋貿易投資パートナーシップ）　6
UHC　184
WHO（世界保健機関）　184
WIPO　154
WTO（世界貿易機関）　3, 154
WTOプラス　7
WTO閣僚会議　4

【ア行】

愛国主義　83
アイデンティティ　95
アカウンタビリティー　102
アクター論　28
アジアインフラ投資銀行　87
アジア復帰　80
アブジャ宣言　192
アベノミクス　33, 196
アルマアタ宣言　188
安全保障ガバナンス　91, 100
アンチコモンズの悲劇　156
アンチ・ダンピング（AD）税　9
安定協定　21
域外差別　13
異時代国家群　98
イスラーム経営　132
イノベーション　151, 156, 199
医療財政　185
インスペクションパネル　108
インフラ　87
エコビジネス　168
エネルギー安全保障　171
エボラ出血熱　185
円安　198
欧州中央銀行　18
欧州コーポレート・ガバナンス・フォーラム　118
オプション取引　143
温室効果ガス　165
温暖化対策　163

【カ行】

改革開放　82
介護　41
外国人技能実習制度　42
介護サービス　50
介護福祉士　49
介護保険制度　47
外省人　94
改正政府調達協定（GPA）　12
外部不経済　179
拡大生産者責任　173, 178
革命外交　81
カスケード効果　149
家電リサイクル制度　179
為替レート　18
環境汚染　178
環境物品　12
環境保全　179
環境配慮設計　180
カンクン合意　164
感染症対策　191
官僚優位論モデル　28
機関間常設委員会（IASC）　102
気候変動枠組条約　164
技術移転　46
偽装された保護主義　9
技能実習　42
共産主義　74
共産主義政権　95
強制規格　9
競争的衝突　155
共通通貨　18
京都議定書　163
京都メカニズム　165
キリスト教共同体　71
緊急援助　103
緊縮財政　25
緊張緩和（デタント）　74
金本位制　19
金融安定負担金　141
金融活動税　142
金融緩和　18
金融規制改革　145

金融政策　18
金融取引税　137, 141
空洞化現象　198
グッドガバナンス　105
グローバリズム　127
グローバル・ガバナンス　13, 19, 68, 99
グローバルスタンダード　165
グローバル化　98, 127
経済財政諮問会議　29
経済再生　33
経済成長至上主義　202
経済連携協定（EPA）　42
原産地規則　60
原産地証明書　52
コア・エグゼクティブ　38
高額医療費負担　189
構造調整政策　188
国際規格　155
国際研修協力機構（JITCO）　42
国際貢献　41
国際資源循環　173
国際システム　69
国際生産ネットワーク　7
国内措置　7
国民幸福度　202
国民国家　21
国民皆保険制度　184
国連　102
国連ミレニアム開発目標　186
国家主権　19
国境措置　7
固定相場制　18, 23
コペンハーゲン合意　164
コーポレート・ガバナンス　115, 129
コーポレート・ガバナンス原則　117
コンセンサス（全会一致）の原則　10
コンセンサス方式　104
コンソーシアム　158
コンソーシアム標準化　158

【サ行】

再生可能エネルギー　169
再生可能エネルギー固定価格買取制度　169
財政政策　23

先物取引　143
サービス貿易一般協定（GATS）　12
サプライチェーン　6
三本の矢　33
ジェンダー　109
市場原理主義　203
資本移動　23
資本主義　74, 127, 203
社会主義　203
上海協力機構　85
宗教革命　72
重症急性呼吸器症候群　185
周辺外交　80
自由貿易協定（FTA）　52
主権国家　93
「遵守か説明か」原則　117
譲許税率　8
少子高齢化　47, 199
消費税率引上げ　198
情報開示　124
情報技術協定（ITA）　11
情報の非対称性　177
食の安全　201
植民地獲得競争　72, 73
食糧安全保障　32
食糧備蓄　5
シルク・ロード経済ベルト　87
シングル・アンダーテーキング（一括受諾方式）　10
新興外交　81
新サービス貿易協定　12
新自由主義　127
新指令案　148
人道活動　104
人道緊急援助　103
人本主義　130, 135
スタンドスティル　9
ステークホルダー　123
ステークホルダー・エンゲージメント　124
ステークホルダー・ダイアローグ　124
スパゲティ・ボウル現象　7
聖域なき関税撤廃　35
西欧国家体系　74
政策意思決定システム　27
政策ネットワーク論　28
成長戦略　196
成長の限界　199, 201
政府支援　9
勢力均衡　73
世界金融危機　138, 166
世界人権宣言　185
世界知的所有権機関　154
石油危機　163
先願主義　155
潜在汚染性　174
潜在資源性　174
潜在成長力　199
センシティビティ　37
センシティブ品目　38, 56
双極安定論　69
訴求対象　54
ソフト・エネルギー・パス　163
ソフトロー　117

【タ行】

大航海時代　72
対中融和策　99
第二次産業革命　72
台湾問題　93
多国籍企業　127
脱成長論　200
棚上げ外交　83
ダーバン・プラットホーム　164
ダボス会議　12
単一市場　18
炭素税　168
地域主義のマルチ化　7
知的財産権　152
中国-ASEAN自由貿易区　84
中国脅威論　82
中国代表権　92
中台関係　92
長期停滞論　198
通貨統合　25
通貨取引税　139
低公害車　167
抵抗勢力　30
帝国主義　73

ディーセント・ワーク　128
低賃金労働者　43
デフレ　196
デフレギャップ　199
デリバティブ　138, 146
東欧革命　74
特恵税率　60
特許権　151
特許権侵害訴訟　152
特許法　156
ドーハ・ラウンド　4, 10
ドーハ気候ゲートウェイ　164
トービン税　137
トリレンマ　16

【ナ行】

内需主導経済　24
ナショナリズム　98
ナポレオン戦争　72
ニクソンショック　138
日EU経済連携協定　6
日中韓FTA　85
日本再興戦略　41
農業補助金　5
農産物貿易自由化　27
農林族　30

【ハ行】

バイ・アメリカン条項　8
バイオエタノール　167
廃棄物処理　178
排出権（クレジット）　171
排出量取引制度　170
バイ・ドール法　152, 156
ハイパーグローバリゼーション　19
覇権安定理論　68
派遣切り　135
パテント・プール　157
ハード・エネルギー・パス　163
バマコイニシアチブ　188
バリ・パッケージ合意　4
反グローバリズム　127
ハンザ同盟　71
反トラスト法　157

東日本大震災　169
非正規雇用　129
ピッツバーグ・サミット　144
一つの中国原則　92
ヒマワリ学生運動　99
付加価値税　141
部分合意　4
ブラック企業　129, 135
フリーライダー　156
プルリ協定　11
プルリ合意　11
ブレトンウッズ体制　20, 138
ブロック経済化　8
プロパテント政策（特許重視政策）　152
文化大革命　85
米ソ冷戦　74
ベスト・プラクティス　54, 117
ペレストロイカ　74
変動相場制　22
貿易円滑化　4
貿易円滑化協定　5
貿易救済措置　9
保健医療サービス　185
保護主義的措置　8
ポスト・モダン　70
骨太の方針　33
本省人　94

【マ行】

マクロ・ショック　24
マンデル＝フレミング・モデル　22
民主主義　21
民族主義　83
メガFTA　6
モジュール化　155
模倣品・海賊版拡散防止条約（ACTA）　11

【ヤ行】

ヤング・レポート　152
融和政策　97
輸出競争力　25
輸出主導経済　24
ユニバーサル・ヘルス・カバレッジ　184
欲求階層説　131

【ラ行】

リサイクル　174
利子率革命　203
リストラ（雇用削減）　129
リフレ派　33, 197
リーマン・ショック　8, 137, 166
量的質的金融緩和（QQE）　197
ルネサンス　72
歴史の終わり　75
レコンキスタ（国土回復運動）　71
レバレッジ　142
ローマクラブ　201
ロールバック　9

【ワ行】

ワーキング・プア　129

執筆者紹介

編著者（五十音順）

馬田　啓一	杏林大学総合政策学部教授	第 1 章
小野田欣也	杏林大学総合政策学部教授	第 14 章
西　　孝	杏林大学総合政策学部教授	第 2 章

著者（執筆順）

三浦　秀之	杏林大学総合政策学部専任講師	第 3 章
岡村　　裕	杏林大学総合政策学部准教授	第 4 章
久野　　新	杏林大学総合政策学部准教授	第 5 章
島村　直幸	杏林大学総合政策学部専任講師	第 6 章
劉　　　迪	杏林大学総合政策学部教授	第 7 章
渡辺　　剛	杏林大学総合政策学部准教授	第 8 章
川村　真理	杏林大学総合政策学部准教授	第 9 章
田中　信弘	杏林大学総合政策学部教授	第 10 章
木村　有里	杏林大学総合政策学部准教授	第 11 章
知原　信良	杏林大学総合政策学部教授	第 12 章
荒井　将志	杏林大学総合政策学部専任講師	第 13 章
斉藤　　崇	杏林大学総合政策学部准教授	第 15 章
北島　　勉	杏林大学総合政策学部教授	第 16 章
大川　昌利	杏林大学総合政策学部教授	第 17 章

国際関係の論点
―グローバル・ガバナンスの視点から―

2015 年 2 月 28 日　第 1 版第 1 刷発行　　　　　　検印省略

編著者　馬　田　啓　一
　　　　小　野　田　欣　也
　　　　西　　　　　　孝

発行者　前　野　　　隆
　　　　東京都新宿区早稲田鶴巻町 533
発行所　株式会社 文　眞　堂
　　　　電話 03（3202）8480
　　　　FAX 03（3203）2638
　　　　http://www.bunshin-do.co.jp
　　　　郵便番号（162-0041）振替00120-2-96437

印刷・モリモト印刷　製本・イマキ製本所
© 2015
定価はカバー裏に表示してあります
ISBN978-4-8309-4857-2　C3033